文革文學大系

（九）

詩歌卷二

王　　堯主編

現代文學研究叢刊

文史哲出版社印行

現代文學研究叢刊　30

文革文學大系（全十二冊）

主　編　者：王　　　　　　　　堯

出　版　者：文　史　哲　出　版　社

http://www.lapen.com.tw

登記證字號：行政院新聞局版臺業字五三三七號

發　行　人：彭　　　　正　　　　雄

發　行　所：文　史　哲　出　版　社

印　刷　者：文　史　哲　出　版　社

臺北市羅斯福路一段七十二巷四號

郵政劃撥帳號：一六一八〇一七五

電話 886-2-23511028・傳真 886-2-23965656

十二冊定價新臺幣五〇〇〇元

中華民國九十六年（2007）十二月初版

中華民國九十八年（2009）二月初版訂正

"文革文學" 大系
詩 歌 卷 二

目　　錄

憶向陽（三首）…………………………… 臧克家……365

延河之歌…………………………………… 紀　宇……367

歌飛大涼山………………………………… 梁上泉……374

向新的高峰登攀…………………………… 嚴　陣……380

太行路上…………………………………… 李學鰲……396

鐵牛謠……………………………………… 韓作榮……404

從柳河跨出的腳步………………………… 雷抒雁……416

白鶴之歌…………………………………… 唐　湜……430

情詩六首…………………………………… 流沙河……431

夢西安……………………………………………436

魚群三部曲………………………………… 食　指……438

命　運……………………………………………446

相信未來…………………………………………447

酒…………………………………………………449

這是四點零八分的北京…………………………450

瘋　狗……………………………………………452

野　獸……………………………………… 黃　翔……453

火炬之歌…………………………………………454

我看見一場戰爭 ……………………………………… 460

長城的自白 …………………………………………… 462

獻給第三次世界大戰的英雄 ………………… 佚　名…… 467

楠竹歌 ……………………………………… 郭小川…… 476

團泊窪的秋天 ………………………………………… 480

秋　歌 ………………………………………………… 483

啓明星 ……………………………………… 啞　默…… 486

痛苦頌 ……………………………………… 佚　名…… 487

重讀《聖經》 ……………………………… 綠　原…… 489

懸岩邊的樹 ………………………………… 曾　卓…… 493

致大雁 ……………………………………… 郭小林…… 494

三月與末日 ………………………………… 根　子…… 497

致生活 ………………………………………………… 502

巴黎公社 …………………………………… 依　群…… 510

長安街 ………………………………………………… 511

無題 …………………………………………………… 512

你好，哀愁 …………………………………………… 514

請纓歌 ……………………………………… 佚　名…… 515

寄杭城 ……………………………………… 舒　婷…… 522

珠貝 ── 大海的眼淚 ………………………………… 523

致大海 ………………………………………………… 525

初　春 ………………………………………………… 527

船 ……………………………………………………… 529

呵，母親 ……………………………………………… 531

秋夜送友 ……………………………………………… 533

贈 ……………………………………………………… 535

致漁家兄弟 ………………………………… 芒　克…… 537

天　空 ………………………………………………… 539

路上的月亮 ……………………………………… 542

太陽落了 ……………………………………… 544

街 ……………………………………………… 546

凍土地 ……………………………………… 549

白房子的煙 ……………………………………… 550

晚霞，心靈留戀的蒼茫 ……………… 孫越生 …… 551

當人民從乾酪上站起 ………………… 多　多 …… 553

年　代 ……………………………………… 554

解　放 ……………………………………… 555

致太陽 ……………………………………… 556

手　藝 ……………………………………… 557

無　題 ……………………………………… 558

烏　鴉 ……………………………………… 559

悼念一棵楓樹 ………………………… 牛　漢 …… 560

麂子，不要朝這裡奔跑 ……………………… 564

流浪漢之歌 ………………………… 宋海泉 …… 566

海盜船謠 ……………………………………… 570

北方之歌 ……………………………… 馬　佳 …… 577

二十六個音節的回想 ………………… 林　莽 …… 607

悼一九七四年 ……………………………… 614

玉華洞 ………………………………… 蔡其矯 …… 617

足　音 ………………………………… 方　含 …… 624

謠　曲 ……………………………………… 626

智慧之歌 ……………………………… 穆　旦 …… 629

理智和感情 ……………………………………… 631

演　出 ……………………………………… 633

冥　想 ……………………………………… 634

春 ……………………………………………… 636

夏 ……………………………………………… 637

有　別 ……………………………………… 638

自　己 ……………………………………… 639

秋 …………………………………………… 641

停電之後 …………………………………… 644

神的變形 …………………………………… 645

回　答 …………………………… 北　島 …… 649

在黎明的銅鏡中 …………………………… 651

太陽城劄記 ………………………………… 652

天安門詩抄（七題）……………… 佚　名 …… 655

憶向陽（三首）

臧 克 家

向陽湖

荒湖萬頃歲時長，
濁水污泥兩混茫。
小試翻天覆地手，
白茅換做稻金黃。

豐收，送糧入倉

大野茫茫場面光，
重重麻袋列山崗，
汽車得意馳如電，
載得歌聲入大倉。

有懷貧農社員同志

分別三年久，相思逐目長。
山高水重重，猶如在身旁。
憶昔初進村，歡迎動街坊。

喧賓竟奪主，讓我住上房。
一見推心腹，語少情汪洋。
勞動是我師，親手教插秧。
寒夜歸來晚，燙腳留熱湯。
手捧一盆火，暖身暖心腸。
主婦手中線，爲我綴衣裳。
佳節送瓜果，身如在故鄉。
燈下小兒女，擁來問短長。
紅英十五六，田野是課堂。
田華十二三，讀書勞動忙。
憶昔未開口，淚珠先奪眶：
"黨的恩情大，翻身見太陽。"
時常表歉意："招待不周詳。
毛主席教導，才能到向陽。"
樸素數言語，深情內中藏。
別來常思念，永生不能忘！

（原載《人民文學》1976 年第 2 期）

延河之歌

紀　宇

巍巍寶塔映清波，
潺潺流水譜壯歌。
天下江河多少條，
要數延河最壯闊！
日映山巔霞千道，
夜閃窯洞"星"萬顆。
波載壯麗革命史，
浪唱豪邁英雄歌。
呵，延河，
你是革命的河，
戰鬥的河，
流過八億人心頭，
澆得大地滿春色。
幾番夢魂繞寶塔，
身來河畔情更迫。
長征大旗河邊插，
水中映出一團火；
軍用挎包樹上掛，
松枝點頭歡迎我。
延河水呵流不斷，

哺育了幾代革命者；
我是一朵雪浪花，
進延河唱延河！

唱延河呵，愛延河，
延安光輝暖心窩！
當年毛主席在延安，
火炬燭天照全國。
那時候，
延河流的不是水呵，
流的是雷，
流的是火。
烈馬蕭蕭踏雷霆，
軍刀閃閃挾怒火。
雷擊日寇魂魄喪，
火燎蔣匪馬蜂窩！

日蔣勾結布下網，
妄圖困死革命者。
石過刀，
草經火，
重兵進犯氣勢洶，
糧棉藥品全封鎖！
毛主席號召大生產，
山山嶺嶺飛戰歌！

沒有給養怕什麼，
能向荒地要糧秣！

亂石崗喲，
填溝壑；
山桃根喲，
燃篝火。
鋤頭落下天地動，
汗流好似雨滂沱。
刺刀挑起豹子肉，
野火點亮星閃爍。
南泥灣裡創大業，
金光大道黨開拓！

沒有武器怕什麼，
巧從敵人手中奪。
"運輸隊長"送上門，
收條也不打一個。
沒有紙張怕什麼，
馬蘭造紙勝竹帛。
整風文獻揣在懷，
能禦嚴寒止饑渴，
沒有布匹怕什麼，
幹群月下搖紡車。
歷史車輪隆隆轉，
宏偉業績載史冊。
自力更生不斷線，
織成今天旗似火。
萬難不倒的延安人，
長青的勁松不凋的柏！

望寶塔呵，
看延河，
一景一物動心弦，
一花一草都問我：
紅衛兵呵，可知道，
"延安精神"是什麼？

認真想，
細琢磨，
紅心連著延河水，
一腔豪情掀大波！
延安精神呵，
不只是老紅軍的創業志，
化作糧山和棉垛；
不只是萬千磨禿的老鋤頭，
開山劈嶺破封鎖……

我更要唱呵，
更要說，
延安精神傳萬代，
光輝的原則路碑上刻：
官兵平等同甘苦，
軍民一致共憂樂！
不分等級團結緊，
沒有工資有氣魄。
困難時，
一個南瓜十人的糧，
一壺清泉百人喝。

共產主義理想放光芒，
把資產階級法權的牢籠全衝破！

"延安精神"哪裡來？
延河大聲告訴我：
毛主席揮鑊開荒地，
革命良種親手播。
挑來清泉水，
春苗盡情喝；
鋤地鏟莠草，
揮鐮忙收割……
至今地裡糜穀旺呵，
多少後人來上課！
誰說只收幾擔穀，
偉大精神結碩果；
如今良種撒天下，
五湖四海都收穫……

望延河呵，唱延河，
棗園的燈光照心窩。
偉大領袖毛主席呵，
日夜操勞救中國。
領袖的生活多簡樸，
舊棉衣上補釘摞。
喝著酸菜苣蕒湯，
吃的小米榆葉饃。
點著一盞麻油燈，
用的一張小炕桌。

泥土牆上掛地圖，
電話機在鍋臺上擱……

夜長燈裡再添油，
更深墨盡又重磨。
頒下軍令布地網，
筆圈敵寇進天羅！
徹夜忙碌無倦意，
推窗曙光灑滿桌。
延安精神照山川，
毛主席是偉大的宣導者！

延安哺育的好兒女喲，
湧現多少張思德！
毛主席指哪就打哪，
戰能勝呵，攻能克！
有水就有弄潮兒，
有山就有登攀者。
吃過延安小米飯，
長成鋼筋鐵骨骼。
不謀私利不怕死，
革命襟懷最磊落。
誰管職位低與高，
誰講津貼少與多！
一個心眼為革命，
南征北戰黨調撥！

看如今呵，

反擊右傾翻案風，
洪流滾滾蕩污濁。
老槐樹進發新枝條，
遍野的山丹丹紅似火。
延安古城換新貌，
更喜新人來延河。
肩扛老鋤學傳統，
紡車旁上路線課。
走進毛主席種過的地，
包一撮泥土貼心窩。
延河流水來做證，
走資派的謬論不堪駁！

寶塔連著天安門，
延河通往金水河。
願作延河水一滴，
流到四海去傳歌：
延安精神記在心，
泰山壓頂腰不折。
資產階級法權要限制，
革命鬥志永蓬勃！
跟著毛主席攀高峰，
繼續革命不退坡。
革命隊伍氣勢壯，
猶如延河波連波。
呵，今日遍地延安人，
反修防修唱凱歌！

（原載《人民文學》1976 年第 3 期

歌飛大涼山

梁 上 泉

夜校燈火

三十三座山坡，
坡上人如穿梭；
七十七座彝寨，
寨上亮著燈火。

燈火閃爍的夜校，
社員越來越多，
霜露打濕雙腳，
胸中格外暖和。

阿爸領著兒女，
媳婦扶著阿婆，
一路撒下歡笑，
驚得宿鳥撲窩。

有的是來上學，
有的是來講課。
整個大小涼山，

就像一張書桌！

桌上一部歷史，
是血汗匯成的長河，
改天換地的奴隸，
把千秋功罪評說。

桌上一疊寶書，
日夜光芒四射，
驅散了千年黑暗，
照亮彝家的心窩。

奴隸社會的枷鎖，
雖然早已衝破，
攀登理論山峰，
思想要大飛躍。

躍上高處一望，
燈火燦如花朵。
社會主義前程，
多麼壯麗廣闊！

列車北去

北去的列車，
飛快地奔馳吧！
飛快地奔馳吧，
北去的列車！

我們是奴隸的兒女，
到北京去上大學，
帶著涼山的祝願，
載著彝家的喜悅。

懷揣入學通知書，
飛過千山萬河；
回顧苦難的家史，
該從哪兒述說？

奴隸的頭上，
壓著大山座座；
娃子的手腳，
套著木枷皮索。

阿爸的生命，
被主人換了錢用；
阿媽的血汗，
被主人換了酒喝。

青春扣上了一把鎖，
人間地獄怎麼活？
讀書識字更無緣，
心中只有悲憤的歌。

天翻地覆人翻身，
黨的陽光暖心窩，

枯樹發出新枝葉，
一年更比一年多。

春風吹開花萬朵，
文化大革命結碩果，
大學門朝工農兵，
工農兵才能上大學。

裝滿一壺金河水，
千里萬里常帶著，
不忘前輩的期望，
常思鄉親的囑託：

山溝裡飛出的小雁鵝，
切莫忘記自己的山窩；
土生土長的青年人，
可別失勞動者的本色！

到毛主席身邊念書，
是最大的幸福和歡樂，
偉大領袖怎麼說，
我們就怎麼做……

臨別的話語熱似火，
就是上學的第一課；
爲了趕上新時代，
就要展翅快飛躍。

北去的列車，
飛快地奔馳吧！
飛快地奔馳吧，
北去的列車！

阿媽話今昔

你們今天進涼山，
胸前戴著大紅花；
我們被奴隸主搶進山，
渾身帶著大傷疤！

你們今天進涼山，
甩腳甩手樂哈哈；
我們被奴隸主搶進山，
捆腳捆手離爹媽！

你們今天進涼山，
決心務農安下家；
我們被奴隸主買進山，
十次逃跑九次抓！

你們今天進涼山，
要練就一身鐵骨架；
我們被奴隸主買進山，
鞭子底下當牛馬！

好青年哪好娃娃，

比前比後想想吧！
歡迎會上說不出啥，
這就是我的見面話！

（原載《詩刊》1976 年第 4 期）

向新的高峰登攀

嚴　陣

世上無難事，
只要肯登攀。
毛主席的光輝詞句，
像春雷在世界屋脊上爆開，
迎來我們這個時代的
又一個嶄新的紀元！

世上無難事，
只要肯登攀。
毛主席的偉大聲音，
像東風從地球軌道上卷過，
迎來我們偉大祖國的
又一個美麗的春天！

隆隆春雷，
在多少英雄的心頭，
留下天地翻覆的巨大回聲，
陣陣東風，
在多少戰士的胸中，
激起繼續革命的滾滾波瀾！

回首來路，──
在偉大領袖毛主席

指一揮之間，
我們階級的浩浩蕩蕩的洪流，
已經衝破多少
明壘，
暗堡，
要隘，
險關！
展望前程，──
在黨的戰無不勝的旗幟
一路招展之下，
我們工農的萬馬奔騰的大軍，
正在飛越多少
曲道，
盤路，
雲頂，
霧尖！
攀登啊攀登，
登攀啊登攀！
把背上的登山囊，
繫得緊些再緊些，
把班組的連結繩，
結得牢點再牢點！
黨、政、軍、民、學，
都是黨統帥下的登山隊員，
東、西、南、北、中，

都有偉大攀登的出發地點！

上！
面對著響徹雲霄的凱歌，
我們離天三尺，
不下征鞍！
上！
面對著直上雲端的高路，
我們腳踩萬仞，
快步向前！
上！
擺在我們面前的
是共產主義的
珠穆朗瑪，
上！
我們這一代的使命，
就是要展翅高飛，
一步登天！

蒼碧蒼碧的韶山松啊，
請你告訴我啊告訴我，
我們偉大領袖毛主席的足音，
曾在紅土鋪出的小路盡頭，
稻草披蓋的農舍門前，
怎樣開始譜寫
我們翻天覆地的
中國革命交響樂的宏偉開篇！
那桐油燈下的書影，

曾多少次被染紅韶峰的朝暉，
悄悄溶盡，
那荷花塘畔的旗角，
曾多少次被照亮洞庭的曙色，
默默映現，
我們偉大的領袖，
正是從這裡邁出了
那驚天動地的一步，
我們勇敢的人民，
正是從這時開始了
那壯麗輝煌的登攀！

青翠青翠的井岡竹啊，
請你告訴我啊告訴我，
我們偉大領袖毛主席的腳印，
疊過三十八年歲月，
踏破五大哨口烽煙，
怎樣精心描繪
我們改天換地的
社會主義共和國的光輝圖案！
黃洋界的夜月啊，
曾多少次在主席的肩頭，
悄悄升起又輕輕落下，
八角樓的雞聲啊，
曾多少次在主席的筆端，
響透夜心又啼盡更天，
我們偉大的領袖，
就是從這裡開闢出

舉世聞名的勝利之路，
我們工農的武裝，
就是從這時點亮了
星星之火的紅色光焰！
攀登啊攀登，
登攀啊登攀！
鐵流兩萬五千里，
硝煙三百八十天，
紅旗，
旋風，
血海，
刀山……
梭標，
草鞋，
風燈，
竹碗……
儘管有五次圍剿，
八面埋伏，
四方堵攔，
儘管是二更霜重，
九霄雪猛，
三軍衣單，
只因為有了
遵義城頭
劃破暗夜的紅燈，
我們才能飛涉
赤水，
金沙，

大渡，
岷川……
只因爲有了
紅樓桌邊
扭轉乾坤的發言，
我們才能跨越
五嶺，
婁山，
烏蒙，
六盤！……

攀登啊攀登，
登攀啊登攀！
寶塔山高映日暉，
延河水清洗布衫，
三邊雲色染旌旗，
兩塞風聲動馬鞍，
南飛大雁，
筆下古國情思，
東進鐵騎，
案頭星火萬點，
黃河晨早，
腳底一片暴風驟雨，
窰洞夜深，
胸中自有雄兵百萬！
秦嶺高，
太行雄，
華嶽險……

陰山蹲，
祁連坐，
崑崙站……
毛主席腳步一抬，
半壁山河，
紅旗插遍！
毛主席巨手一揮，
整個祖國，
換了人間！

世上無難事，
只要肯登攀。
天安門在五嶽之上，
中南海是九江之源，
剿匪反霸，
土地改革，
抗美援朝，
互助合作，
三大改造，
人民公社……
一路攀登不停步，
主席總是走在前，
今天誰還能說：
不見廬山真面目？
主席率領我們：
躍上蔥蘢四百旋！
紅旗開，
山水新，

日月燦！
狂飆起，
頑石滾，
烏雲散！
看多少革命的鯤鵬，
扶搖直上九萬里，
笑幾隻可憐的蓬雀，
咽聲折翅墮草尖！

世上無難事，
只要肯登攀。
萬水千山一步跨，
直窮高路上雲端，
砸爛十字路口
劉少奇釘上的黑箭頭，
拆除陽關道上
林彪攔起的鐵鎖鏈，
填平資產階級挖出的
口口陷阱，
踏破修正主義布下的
層層柵欄，
無產階級
文化大革命的烈火，
毛主席親手點燃，
社會主義
不斷革命的戰歌，
響徹天上人間！
紅雲百層，

紅浪千里，
紅旗萬面！……
大江風雷，
大洋潮水，
大海波瀾！……
萬炮齊轟，
炸平修正主義毒蛇
盤踞的洞穴，
萬炮齊轟，
摧毀資產階級蜈蚣
爬行的地盤，
萬炮齊轟，
辟出一條通天的大路，
萬炮齊轟，
佔領上層建築的一切空間！

攀登啊攀登，
登攀啊登攀！
向一九八〇進軍，
向二〇〇〇登攀，
登山鋼山！
登上煤山！
登上糧山！
登上棉山！
登上文化山！
登上教育山！
登上科學山！
登上理論山！

毛主席指向哪裡，
我們就向哪裡攀登，
哪裡需要我們，
我們就在哪裡登攀！
看前方，
多少鶯歌燕舞，
望上峰，
萬里陽光燦爛！
我們的背影裡，
有多少閃光的里程碑
把群峰銜接，
我們的腳步後，
有多少過去的制高點
將征途結連！

攀登啊攀登，
登攀啊登攀！
我們是革命的梯隊，
我們是階級的兵團，
我們向嶄新的領域進軍，
我們向理想的境界登攀！
注意！——
孔老二的幽靈，
還在妄圖倒轉
革命的車輪，
劉少奇的陰魂，
還在舊事物的廢墟上
日夜詠歎！

注意！——
資產階級的復辟派們，
正打起"還鄉團"的破旗，
對文化革命反攻倒算，
黨內不肯改悔的走資派鄧小平，
已拋出"三項指示爲綱"的斷戟，
妄圖復辟變天！
什麼"你們不要文化"，
什麼"樣板戲阻礙文藝發展"，
什麼"教育革命
拖四個現代化的後腿"，
什麼"有物質基礎"，
才能"限制資產階級法權"，
……
他們那咬牙切齒之聲，
簡直想把天安門的紅柱
一口咬斷。
他們那氣勢洶洶之狀，
簡直想把長安街的華燈
一頭撞偏！
正告撼樹的蚍蜉：
瘋狂反撲，
必將摔得粉身碎骨，
奉勸害人的瘟神：
垂死掙扎，
註定落個卿卿命短！

世上無難事，

只要肯登攀。
毛主席的光輝詞句，
像進軍的號角，
把人民群眾鼓舞，
毛主席的偉大指示，
像臨陣的戰鼓，
將千山萬壑震撼！
斥修正主義的山間竹筍
　── 嘴尖皮厚，
笑資產階級的牆上蘆葦
　── 底薄根淺！
不准否定教育革命！
不准否定文藝革命！
不准否定無產階級文化大革命！
不准為修正主義路線翻案！
前進！
用我們攀登的腳步，
踏碎資產階級供奉的
形形色色的靈牌，
前進！
用我們開路的雙手，
砸爛修正主義祭奠的
七七八八的神龕！
前進！
讓修正主義的
　"仙山瓊閣"，
見鬼去吧！
前進！

讓社會主義的
千峰萬嶺，
盡開笑顏！
世 — 上 — 無 — 難 — 事，
只 — 要 — 肯 — 登 — 攀。
這是多少
振奮人心的
偉大鬥爭，
這是多麼
鼓舞鬥志的
宏偉場面！
聽 — ，
革命的理想之歌，
不斷響遍井岡山麓，
延水河畔，
看 — ，
燦爛的反修之花，
正在開滿大海之濱，
高峰之巔！
讓垂頭喪氣的鬼怪們，
在革命的雷鳴電閃中，
嚇得膽顫心驚吧，
輝煌的歷史車輪，
正在隆隆越過，
偉大時代的峰巒！

世 — 上 — 無 — 難 — 事，
只 — 要 — 肯 — 登 — 攀。

鼓足幹勁，
力爭上游！
不怕犧牲，
排除萬難！
偉大領袖毛主席，
就在我們面前，
偉大領袖毛主席，
就在我們前面！

前進，
前進！
穿過冰塔叢林，
跨越雪壁天險！
前進，
前進！
撲上全部精力，
沿著一條紅線！
大步跨過
第一臺階，
第二臺階，
奮力征服，
新的高度，
新的考驗！
在每一片飛舞的雪花裡，
寫下我們
奮勇攀登的履歷，
在每一滴閃光的汗珠中，
育出我們

不斷革命的詩篇：
誰還站在原地不動，
對生活中微小的得失
愁眉不展？
誰還一步三回頭，
對著舊時煙雲，
顧影自憐？
同志！
快跟上大隊吧，
後退是沒有出路的！
必須儘快克服停止的論點，
悲觀的論點，
無所作爲和驕傲自滿的
論點……

前進，
前進！
我們戰無不勝的階級，
我們攻無不克的兵團！
前進，
前進！
把美麗的五星紅旗
插上世界高峰！
把紅色的測量覘標，
立在地球之巔！
前進，
前進！
　"只有不畏勞苦

沿著陡峭山路攀登的人，

才有希望達到

光輝的頂點。"

（原載《安徽文藝》1976 年第 5 期）

太 行 路 上

李 學 鰲

　　在太行山深山區的山道上，遇到一位熱心爲山區貧下中農
服務的電影放映員。他的話，他的形象，是多麼叫我難忘
啊！……

── 山中手記

　　上坡，
　　下坡，
　　一步一個腳窩；
　　下坡，
　　上坡，
　　汗珠兒滾落 ──
　　順著臉，
　　順著脖兒……

　　"好小夥，
　　你背上背的什麼？
　　這般沉，
　　這般多，
　　雲山裡來，
　　霧山裡過，
　　爲什麼：

心裡美滋滋？
臉上樂呵呵？"

好小夥，
真沉著，
輕輕放下背架，
用親切的鄉音回答我：
"要說背的多，
不算多，
銀幕一塊，
放映機一個，
另外嘛，
就是影片拷貝幾十盒。"
小夥擦擦汗，
接著往下說：
"要說沉嘛，
確實沉；
要論分量，
難估摸。
"這裡有：
大慶富饒的油田，
大寨金色的穀垛；
這裡有：
北來的鐵牛，
南去的火車；
這裡有：
東海的輪船，
西寧的駱駝；

這裡有：
礦區百里，
城市千座⋯⋯
一句話，
我背負的是 ──
我們整個社會主義祖國！"
好小夥，
有氣魄，
豪情滿懷，
"現實""浪漫"兩結合。
我說：
"把你的原話記下來，
就是一首頂不錯的詩歌。
但是，你要把影片拷貝，
分給我十幾盒，
讓我也扛在肩上，
跟著你爬坡，
把你的話兒細琢磨，
同你分享快樂！"

好小夥，
不嚕嗦，
搬過十幾盒拷貝，
輕輕往我肩上擱：
"可你要千萬小心哪，
不要把拷貝碰壞，
不要把圓鐵盒磕著！"
像是給我下命令，

給我上課。

說話間，
時間過一刻，
我們繼續趕路，
繼續爬坡 ——
一前一後，
一高一矬，
腳步跟著腳步，
腳窩套著腳窩，
在太行山崎嶇的山道上，
乘風走，
穿雲過。

肩扛圓鐵盒，
拷貝貼耳朵。
我細細聽喲，
細琢磨，
小夥子講的全不錯。
而且，我聽到的聲音，
比小夥子講的還要多 ——
我聽見：
萬面紅旗獵獵響，
文化大革命奏凱歌；
我聽見：
批林批孔烈火燃，
反擊右傾翻案風奏凱歌；
我聽見：

政治夜校書聲高，
各族人民敲金鑼；
我聽見：
千山萬嶺迎春雨，
新生事物就是多！

攀高嶺呀，
走陽坡，
啊，前面就是奇峰砣。
奇峰巍峨高千尺，
雲雀山鷹難飛過。
峰下人家三十戶，
過去是有名的窮漢窩。
什麼叫"電影"？
大人小孩沒見過。
文化大革命春風暖，
金花銀花開滿坡，
雲中鋪起七彩路，
窮窩變富窩，
架電線，聽廣播，
屋裡安上金耳朵；
山區有了電影隊，
社員怎不樂？
電影送到家門口兒，
感謝黨培養的好小夥。

進山村，汗一抹，
小夥子喝口水，

緊忙活。
銀幕掛起來
　── 掛在杏花坡；
喇叭響起來
　── 喇叭先唱歌；
孫兒扶著老爺爺，
小閨女扶著老婆婆，
拿來蒲墩拿來凳，
男女老少坐滿坡，
笑聲起，笑聲落，
奇峰砣下如開鍋。

笑聲起呀，笑聲落，
掌聲回蕩杏花坡。
莫道奇峰人雲村莊小，
在這裡能看到全中國 ──
看！南沙西沙水多藍，
海燕奮飛如穿梭；
新疆兒女多壯志，
泉水澆綠大沙漠；
塞外草原不見邊，
綠毯千里花萬朵；
南京長江大橋多宏偉，
彩虹飛架跑火車。

開灤煤礦正出煤，
轉眼裝滿千萬車；
農機農藥下鄉來，

工也樂來農也樂……
祖國江山千萬裡,
跟深山小村緊連著,
一個鏡頭一盆火呀,
不盡暖流灌心窩!
暖心窩呀,唱新歌,
銀幕上領唱大家合 ——
楊子榮上山來打虎,
把帝王將相趕下"坡";
李玉和高舉紅燈鬥頑敵,
牛鬼蛇神無處躲;
喜兒怒斥復辟狂,
不許歷史開倒車;

江水英送來風格水,
山頂上新苗卷綠波;
女民兵爭學柯湘姐,
杜鵑山 —— 太行山緊連著;
老爺爺七十不服老,
處處學習阿堅伯……
樣板戲呀革命歌,
響徹雲中金銀坡,
越看越唱勁越大,
心窩暖心窩。
電影已散人不散,
層層圍著好小夥。

星更亮,

銀幕落，
放宿山村睡不著。
愛太行呀，
贊祖國，
故鄉新生事物比星星多！
明晨跟著小夥走，
太行路上爬高坡，
把電影送到社員家，
一路上還聽他講詩歌 ——
把詩歌也灌進錄音帶，
太行山上沿路播！

1975 年 12 月 25 日草於太行山

1976 年 3 月 23 日再改於太行山

（原載《京文藝》1976 年第 5 期）

鐵 牛 謠

韓 作 榮

一

翻山越嶺過山林，
山路上走來一個人。

汗涔涔的臉上放紅光，
汗水濕透了綠軍裝。

走兩步來站三站，
家鄉的景色不夠他看。

豪情壯景蕩胸襟，
想起六年前離山村 ——

生在山村最愛牛，
周鐵呵，他自起綽號叫"鐵牛"。

守著牛吃伴牛睡，
冬給黃牛蓋棉被。

鍘罷的寸草過三刀，
口糧給黃牛當飼料。

書記贊呵鄉親們誇，
鐵牛愛牛愛到了家。

新沙皇的迷夢珍寶島的煙，
鐵牛他滿腔怒火把軍參。
山丹丹開花耀眼紅，
他守衛邊防立戰功。

決裂舊觀念挖修根，
他不留城市回山村。

爐火紅呵霞光豔，
鐵牛的紅心呵，亮閃閃。

二

消息像鳥兒飛進門，
沸騰了深山十裡村。

米酒裡泡著深情的話，
樂壞了三嬸二大媽。

這個說，當年的鐵牛沒變樣，
那個講，民兵連又多桿過硬的槍。

老支書緊握周鐵的手，
琅琅話兒說出口：

"共產黨員要帶頭走，
周鐵呵，就派你接替孫有駕鐵牛！"

話匣子打開像水出閘，
談得胸中起浪花。

談規劃呵談遠景，
講路線呵講鬥爭。

浪打船頭兩邊分，
要警惕，有人背後咬牙根。

罌粟開花倒打鉤，
眼前的鬥爭呵，剛開頭……

三

上一道坡坡下一道梁，
鐵牛來到停車場。

亮閃閃的機車透身的紅，
他摸遍車身又摸車燈。

在部隊握慣了操縱桿，

握住那方向盤心喜歡。

機聲隆隆在心中響，
激起了胸中千重浪。

加足了柴油拿棉紗，
鐵牛呵，喜孜孜地把車擦。

擦了一遍又一遍，
擦得漆光亮閃閃。

他手擦著機身自叮嚀：
機械化路上有鬥爭。

保養罷機車往回走，
從後邊閃出「正駕」叫孫有。

又是扯來又是拉：
「鐵牛呵，路過門口也不進家？」
兩把朱椅八仙桌，
孫有今天要待客。

櫃櫥裡拎出瓶「二鍋頭」；
「來，咱兄弟先喝杯舒心酒。」

孫有他想搞啥名堂？
鐵牛心裡暗思量：

剛剛見面就開酒宴，
裡面必有鬼算盤。

“我不吃飯也不吸煙，
你這酒杯我不會端。”

孫有皮笑肉不笑，
打了個哈欠伸了伸腰：

“實在不吃就坐一坐，
大哥我有話和你說：

“小芹娘找我提個親，
那姑娘在城裡當工人。

“土窩窩哪是留神的廟？
你也該要求往城裡調”。

孫有的婆娘野菊花，
扭動著腰肢說了話：

“小芹這姑娘模樣好，
打著燈籠也難找。”

像半空裡響起一聲雷，
鐵牛喝一聲：“你住嘴！

“資產階級的臭氣不許噴，

今天你是看錯了人！

"風吹樹葉根不動，
水捲流沙山不驚。

"風浪裡練出一雙鐵翅膀，
要拉攏我，你休想！

"毛主席指引的金光道，
周鐵我鐵心走定了！"

鐵牛說罷轉過身，
大步流星出了門。

四

布穀聲聲催人急，
拖拉機扯起五鏵犁。

五鏵犁的犁頭雪亮亮，
黑油油的大地翻泥浪。

播種機迎著滿天霞，
金色的種子土裡撒。
點一盞明燈照四方，
階級鬥爭是個綱。

犁尖扯得日偏西，

鐵牛呵，吃罷晚飯又開犁。

晚霞漫天紅似火，
不料機車趴了窩。
起動繩拽出了滿天星，
機車只噗騰了兩三聲。

浪打石頭激浪翻，
鐵牛心裡似油煎。

油泵壞了不能調，
缺少機件好心焦。

狸狗子嚎呵夜貓子叫，
孫有在人群裡唱高調：

"集體的財產你糟蹋掉，
耽誤了春耕你兜著！"

孫有說罷臉一扭，
點上枝香煙慢慢地抽。

"種地不怕螻蛄叫，
孫有你看不了'哈哈兒笑'。"

"鼻眼裡插蔥裝大象，
快收起你那套鬼肚腸！"

"是人是鬼看得清，
貧下中農眼睛明！"

百張口同發一個音，
鏗鏘的話語震山村。

社員們的話兒人心坎，
鐵牛呵，瞅著油泵細盤算。

鐵牛想罷發了話：
"同志們，今天的事故要追查！

"警惕有人設陷阱，
來龍去脈要摸清！"

孫有聽了跳三跳，
齜著金牙叉著腰：

"大轟大嗡頂啥用，
現在不是文化大革命。

"安定團結是個綱，
誰怕你胡亂猜疑瞎嚷嚷。

"要把生產搞上去，
把機車捅壞你搞個屁。"

胸中好似大江流，

鐵牛呵，話如怒濤出閘口：

"不許攻擊文化大革命，
不許你在這兒煽妖風！

"鬥爭的雷閃漫天的風，
戰士呵，專在風口浪尖行！

"資產階級的妖風刮不走，
我不是搖擺的隨風柳。

"戰士呵，聳立的身軀似山峰，
要撼我，十二級颱風也刮不動！"

話如長江千里浪，
社員們嘩嘩拍巴掌。

五

一盞電燈灑銀輝，
大隊部正開社員會。

一道電光一聲雷，
望窗外，暴風雨像決堤的天河水。

社員們，站起身，
啥事扯著眾人的心？

鐵牛呵，去搶修油泵出了村，
半路一定遭雨淋。

豹子林呵落鷹崖，
風雨中鐵牛可闖過來？

幾十裡山路雨如麻，
鐵牛他翻山涉水青苔滑。

社員們，恨不能抓住閃電當銀鞭，
把滿天的烏雲都抽散。

老支書攏住了眾人的心，
社員們，分析"怪事"查原因。

有人說，曾聽到機車上有聲響，
孫有在車旁慌張張。

有人講，這幾天謠言滿天飛，
說鐵牛犯了錯誤才把家歸。

小芹娘揭出那野菊花，
追根尋源在孫有家。

…………
…………

分析會正把怪事擺，

呼啦啦，鐵牛扛著油泵走進來。

頭上蒸蒸冒熱氣，
褂子上面還淌水滴。

鐵牛捎來一封信：
"支書呵，縣委要我帶給您。

"去年的事，已查清，
孫有他，用機車大搞黑包工。

"侵吞人民的血和汗，
他撈取了整整八千元。
"
老支書亮開宏鐘嗓：
"同志們，靜一靜，聽我講。

"今天的鬥爭更複雜，
資產階級冒新芽。

"這個壞傢伙要懲辦，
咱們先對著這活靶搞批判。

"再告訴大家個好消息，
鐵牛呵，已選為黨支部副書記！"

一陣掌聲似雷鳴，
社員們把手掌都拍紅。

鐵牛呵，心如大海浪濤急，
給社員們敬個舉手禮：

「鄉親們，貧下中農教育黨培養，
毛主席培育我成長。

「永做革命的老黃牛，
革命路上挺胸走！」

六

遍野的春風漫空飄，
天邊的朝霞似火燒。

滿山笑語滿山歌，
鐵牛馳車田邊過。

崎嶇的山路伸直了腰，
要馱著鐵牛朝前跑。

新開的稻田明如鏡，
照亮了戰士的新征程。

革命征程不平坦，
鐵牛呵，心中亮著燈一盞。

革命征程萬里長，
鐵牛呵，開足馬力向前闖！

（原載《北京文藝》1976 年第 7 期）

從柳河跨出的腳步

雷 抒 雁

呵，高粱噴火，
大豆搖鈴，
青菜吐翠，
玉米掛纓……
幹校的大道嘞，
在陽光下延伸，
幹校的大旗呵，
把田野映紅。
聽，我們的戰歌高昂，
是無產階級文化大革命的烈火譜就；
看，我們的腳步堅定，
是毛主席點亮前進的明燈！
揮舞鋤頭呵，我們斬斷荒草、荊棘，
同時要斬斷幾千年私有觀念的傳統；
腳踩污泥呵，我們填平水溝、窪地，
同時要把三大差別的鴻溝填平！

一

當革命造反的紅旗，

匯入革委會輝煌的紅燈；
當我們戰鬥的口號，
迎來無產者盛大節日的鼓聲！
夜半燈火喲，
燈火不熄；
黎明晨鐘呵，
鐘聲長鳴！
翻開五・一六《通知》，
我們在思索 ──
社會主義革命應該怎樣進行；
重溫《炮打司令部》，
我們在討論─
該怎樣向資產階級進攻！
放眼望呵，
克里姆林宮紅旗落地，
勞動人民頭上，
重新騎上吸血的特權階層！
俯首瞧喲，
我們身邊有敗倒的"英雄"，
權力到手，
卻仇恨起養育自己的工農！

呵，脫離勞動，
脫離實際，
脫離群眾，
劉少奇的反革命修正主義路線，
爲廣大幹部設下罪惡的牢籠！
高樓深院 ──

似重重屏障，
切斷了與人民的感情，
養尊處優 ——
小車、沙發，
成了陷入的泥坑！

我們無產階級革命戰士，
不為做官為革命，
破除資產階級法權，
做社會公僕，
要讓紅色政權，
永遠掌握在馬列主義者手中！
走五·七道路，
當普通勞動者，
要把舊社會的污垢蕩淨！

燃起千丈烈火，
我們焚燒劉少奇毒害幹部的修字經！
揮起如椽大筆，
我們深批幾千年 "私" 字的傳統！
明燈下呵，篝火前，
光輝的五·七指示，
把我們心胸映得通紅！
毛主席高瞻遠矚，
為我們描繪出何等宏偉的圖景！
為共產主義奮鬥，
我們去做最先投入生活的先鋒！
一份份申請書，

帶著潮水般的激情，
像雪片飛落在革委會的辦公桌上；
一張張決心書，
映著朝陽，
像春花綻開在大字報的席棚！
"柳河五‧七於校" ——
一個培訓幹部的新型學校，
迎著鬥爭的風雨，
在祖國北疆誕生。

當這棵小小的幼芽，
在革命的花開季節，
剛剛出土萌生，
毛主席呵，就這樣及時，
送來陽光，
送來雨露，
送來春風：
"廣大幹部下放勞動，這對幹部是
一種重新學習的極好機會……"
一個字，一把燭天的火炬，
一個字，一盞不熄的明燈！
幸福的夜晚呵，
收音機旁，我們熱淚盈盈！
鼓，縱情地擂，
鑼，縱情的敲，
讓北京聽聽我們激情的心聲！
我們用茅草紮起火把，
荒野裡，舉行盛大的遊行！

毛主席支持我們！
五·七幹校，
獲得了無比強大的生命！
毛主席支持我們！
五·七幹校，
一夜間，開遍祖國山山嶺嶺！

二

大城市 —— 小山溝，
大高樓 —— 茅草棚，
當幹部 —— 做工農，
哈，我們開始了一次新的"長征"！
呵，你好，銀色的白樺樹！
當年，英雄的遊擊健兒，
曾在你懷中搭過馬架，
用篝火將你映紅；
曾和你共過勝利的歡欣，
用野菜養育了革命！
今天，我們回來了，
讓我們重新沐浴你粗野的山風。
重新傾聽你歡快的鳥鳴，
重新品嘗那微微發苦的野菜，
回味戰鬥生活的艱辛……
"吃小米，爬大山"，
"開荒地，住窯洞"，
革命，從艱苦鬥爭中走來，
我們，要發揚革命的傳統！

休看我們剛剛跨出高樓，
休說我們隊伍不很齊整：
有的 —— 霜染兩鬢，
有的 —— 孩子般年輕，
我們是一支特殊的兵種，
毛主席的偉大指示，
給我們無窮的熱能！
改造世界，改造自己，
勞動，會使我們成為真正的工農！

燒荒的大火，
把北疆映得晝夜通明；
閃亮的鐵钁，
揮起來，牽著急風；
滾開！苦艾，蒿蓬……
躲開！塔頭，柳叢……
黑得流油的土地呵，
快獻出小麥、大豆、蔬菜……
應有盡有的獻給革命！
我們攔河築壩，
叫河水聽從命令；
我們上山伐木，
斧聲把山林鬧醒……

手上血泡 —— 起了又落，
化做層層厚繭；
肩上肌肉 —— 消了又腫，

變得又堅又硬；
勞動方知泥土香，
流汗更添階級情：
當我們懷著怎樣的喜悅，
第一次在灑滿汗水的土地上，
施肥、播種、除草、滅蟲……
像一名真正的公社社員，
談論大豆的長勢，天氣的陰晴，
這時啊 ——
我們真正體會到，
什麼叫"勞動人民感情"，
什麼叫"不停止革命"！

當我們重新打開一
《共產黨宣言》，
《國家與革命》，
《在延安文藝座談會上的講話》……
雖然，曾經讀過十遍百遍，
今天，我們才更加深切地弄懂：
什麼是"長期的痛苦的磨煉"！
腳上的"牛屎"與資產階級靈魂 ——
誰個更為乾淨！

三

狂暴的風雨，
洗白了我們的衣襟；
肆虐的暴雪，

壓塌過我們的茅棚。
莫說我們的幹校，
坐落在這遙遠的小小山溝，
莫說我們的課堂，
設在偏僻的公社鄉村；
階級鬥爭，路線鬥爭，
更像夏夜的風雨，
無時不撼動著幹校的門窗，
無刻不撲打著戰士的心胸！

資產階級法權，
有人視為"通靈寶玉"，
我們，卻把它視為灰塵；
剝削階級的等級觀念，
有人當成世代的命根，
我們，卻要把它踩得溜平！
"戰 — 友 —"
是這裡最親密的稱呼；
"同 — 志 —"
是這裡最崇高的感情！
通鋪睡覺，並肩勞動，
不論職位高低，
幹校裡，
人人都是普通一兵；
吃飯，同一張餐桌，
學習，共一盞明燈！
屋簷下 —
鐮刀閃亮，鋤頭雪明；

批判欄 ——
閃著火光，響著槍聲；
"對資產階級實行全面專政！"
共同的信念，
把我們結成一個戰鬥的家庭！
那是誰，柳蔭下，
設一條板凳，
義務理髮店 ——
爲同志們精心服務！
又是誰，深夜裡，
戴一副花鏡，
油燈下 ——
爲戰友們補補縫縫！
三五九旅的老戰士呵，
三十年，還是普通一兵：
一雙赤腳踩污泥，
兩隻繭手提料桶，
爲革命餵豬，
卻洗掉了官僚主義的灰塵！
文化大革命的紅衛兵呵，
領導班子中的年輕人：
一條圍裙攜春風，
滿面笑容藏深情，
給戰友端菜遞飯，
做"社會公僕" ——
爲自己立下畢生的座右銘！

我們與舊傳統決裂的咚咚腳步，

踏破了資產階級老爺的復辟夢；
我們輝映日月的大旗，
使階級敵人恨紅了眼睛！
什麼五‧七幹校是“集中營”，
蘇修叛徒集團聲聲狂吠，
張開毒汁四濺的喉嚨；
什麼五‧七幹校是“變相失業”，
林彪射出支支毒箭，
發出陣陣咬牙聲；
新生事物的鋒芒，
刺疼了走資派的神經，
鄧小平也刮來陣陣陰風！

啊，帝、修、反的恐懼，
是因為聽見我們敲響的喪鐘；
階級敵人的狂吠，
不過是臨死前的哀鳴！
頑-石，擋不住我們的腳步，

烏雲，遮不住我們的前程！
批林批孔，
我們燃起鬥爭的烈火，
反擊右傾翻案風，
我們炸響仇恨的雷鳴！
打退敵人的進攻，
步伐更堅定，
掃盡毒霧殘雲，
戰旗更火紅！

批判資產階級，
戰歌震得山河動！

四

從柳河五‧七幹校
點燃的第一枚火鐘；
從"下放勞動"的偉大批示，
掀起的第一陣春風；
八年呵，春風萬里，
八年呵，烈火熊熊！
從中央到基層，
從地方呵到軍營……
幹校的大旗，越舉越高，
捲動著一天紅雲；
幹校的大旗，越走越寬，
閃現著英姿勃勃的身影！
在井岡山，
豪情滿懷，似杜鵑火紅；
在南泥灣，
青春煥發，如秧苗青青！

迎一批批戰友入學，
—— 一把根根淬火的鋼件投入洪爐；
送一批批戰友畢業，
—— 播出把把永不退化的良種！
看，風雪除夕，
披一身白雪，

是誰，輕輕把貧農家的門環扣動？
啊，是縣委書記老李，
送來了黨的溫暖，
送來了早到的春風……
呵，細雨途中，
踏兩腳泥濘，
是誰，肩挎糞筐急步爬上山嶺？
唔，是革委會主任老張，
去山村蹲點，
研究怎樣深入批鄧……
練兵場上，
頂滿天雷火，
我們的老軍長，
和戰士一起躍起衝鋒；
風火爐前，
揮汗如雨，
我們的新書記，
和工人一起掌釬勞動！
出身工農啊，
和工農血脈相連，
代表人民，
與人民休戚與共！

不脫離勞動，
不脫離實際，
不脫離群眾，
無產階級的新型幹部呵，
戰鬥行列裡的普通一兵；

縮小三大差別，
甘當一顆填平溝壑的石子，
破除傳統觀念，
願化烈火溶盡千年積雪殘冰！

毛主席諄諄的教導，
像種子，深深播進我們的心中，
照毛主席的指示辦事，
走毛主席指引的道路，
風吹，我們不搖，
浪打，我們不動！
看今天呵，奔向五‧七幹校的戰士，
朝氣蓬勃，滿懷豪情！
看今天呵，從柳河跨出的腳步，
百倍有力，百倍堅定！
一個幹校，
一座團結戰鬥的堡壘，
千個幹校，
一道反修防修的長城！
資產階級施過多少毒計，
曾想把我們的革命斷送；
修正主義玩過多少花招，
陰謀在我們黨內寄生；
毛主席，給了我們強大的思想武器，
繼續革命，我們百戰百勝！

路漫漫呵，
征途上橫臥著千山萬峰，

有毛澤東思想紅旗引路，
我們不畏艱險勇攀登！
歌陣陣呵，
陣陣戰歌響徹萬里晴空，
有黨中央指揮戰鬥，
我們信心百倍向舊世界猛衝鋒！
想阻攔我們前進的，
就把他踩成碎粉；
想拉住我們倒退的，
就讓他滾進墓坑！
前進！
真理在我們胸中！
前進！
未來在我們手中！
前進！
我們的前程無比光明！

（原載《解放軍文藝》1976 年第 10 期）

白 鶴 之 歌

唐 湜

我就要沒入空闊的蔚藍，
再見，你枝上沉睡的花瓣！
到你張開迷惘的大眼，
九月的晨光早就在搖顫；

我就要沒入那一片雲彩，
再見，你銀霧閃閃的月夜！
陽光的金箭就要到來，
會照亮你一望千里的沃野；

我要飛向更高遠的天穹，
去歡迎沉靜的光燦黎明，
叫我潔白的羽翅去騰空，
與飛揚的天風一起飄行，
看太陽怎麼打海底的幽居
開始這一天輝煌的行旅！

1966 年 8 月

（選自《中國新詩萃》人民文學出版社 1985 年 11 月版）

情 詩 六 首

流 沙 河

一

雖然美麗
你不是花
園中盆中瓶中
鬢上髻上襟上
一切爲別人裝飾的地方
沒有你的位置

要說是花
該是雪花
你跳著迴旋舞到人間來
伴著群山沉沉入睡
夢見你的故鄉
那藍色的海洋

二

回憶走過的路

使我暗自驚心
爲什麼要這樣曲曲彎彎
彎彎曲曲浪費著生命
如果走成一條直線
豈不節省許多光陰

現在我才明白
原來步步都在向你靠近
要不是這樣彎曲地走
我們將永遠地陌生
遲速一秒就不再有相逢
恰如兩顆運行著的星星

三

請嘲笑我的愚蠢
我原來不懂得愛情
雖然迷戀過一些女性
也曾爲她們徹夜低吟
她們奇光閃閃
如美麗的水晶

夏天突然來臨
使我怵目驚心
水晶溶成水滴
瞬間消失蹤影
我不能夠原諒她們
那些薄情的冰

風風雨雨中我遇見了你
昔年的幽怨都化作歡欣
感謝當初烈日的曝曬
不然我會被欺騙一生
難怪人們常說
不幸之中有大幸

四

遠遠地望我
是一座雪山
使你眼中結冰
心上生寒
沒有花香鳥語
沒有人煙

你來
耳朵貼在我的胸前
聽岩漿在呼嘯
浪滾波翻
相信我是一座火山
雖然沉睡多年

五

你要好好愛你自己
因為你是一個奇蹟

從涸濁的池水中生長出來
不沾染半點污泥

你是一朵雪白的荷花
孤單單照影在秋塘裡
你有一顆太純潔的心
使你忘卻自己的美麗

我們將有一個家
一個雀巢一樣的
光明溫暖的
小小小小的家
我們要唱那支著名的歌
"家，甜蜜的家……"
讓鄰居羨慕我們
讓過客含笑張望我們的窗子

我們將為生活終日奔忙
早晨你送我出門
傍晚你等我回家
我們勤勞如暮春的工蜂
自己採的花最香
自己做的蜜最甜

讓花常開在家裡
讓燕子年年來拜訪我們

我們將珍惜每一個幽夜

在燈下讀書
在窗前望月
在枕邊談笑
在夢中聽屋上的風雨
和鄰家的雞啼

讓塵世的紛爭遺忘我們
讓歲月在門外悄悄地走過

我們將平分歡樂與憂愁
在眉間看出對方的心事
直到黑髮凝結了秋霜
相愛還如初戀的時候
朋友們會常常想起我們
僅僅因為我們相愛一生

讓你的心能經受寒風烈日
讓我的詩莫成了水月鏡花

1966 年新秋在故鄉

（原載《中國新詩萃》人民文學出版社 1985 年 11 月版）

夢 西 安

又夢見你了，我的西安，
離開你一晃就是十五年。
回想起來彷彿就在昨日，
難怪人們都說光陰似箭，
啊，光陰似箭，西安！

我曾經是一個翩翩少年，
人情世態看得非常簡單。
不相信白日的盡頭就是夜晚，
不相信平原的盡頭就是丘山，
只見天下陽光燦爛，啊，西安！

那年我孤獨地來到你身邊，
滿眼惶惑，眉間鎖著幽怨。
朝朝暮暮繞著鐘樓迴旋，
為的是想看看四川的報紙，
等待著對我公平的裁判，啊，西安！

想不到五首小詩換來一場大難，
痛苦驅使我去回味唐代的詩篇。
登驪山我高誦《詠懷五百字》，
臨渭水我低吟“落葉滿長安”，
望雁塔疑心李白還在上面，啊，西安！

就是那年夏天，在華清池畔，
一位少女含笑走到我的面前。
她欲語又無言，悄悄一歎，
九年後終於做了我的妻子，
該怎樣感謝你啊，西安！

到秋天一封急電催我回返，
列車西去，馳過渭河平原。
白楊翠柳，黃土紅山，
憂愁的雨絲織成窗簾，
望你望你，再也望不見，西安！

從此一別就是十五年，
我已飽嘗人世的辛酸。
兒子在屈辱中五歲剛滿，
妻子在風霜裡褪盡紅顏，
你是我一生的轉捩點，西安！

我的書籍變作群鳥飛散，
我的詩稿化作灶裡柴煙。
六十四顆鐵齒啃著我的中年，
苦味的鋸木渣飛撲著我的臉，
別時容易見時難，啊，西安！

　　　　1972 年在故鄉

（原載《中國新詩萃》人民文學出版社 1985 年 11 月版）

魚群三部曲

食　指

一

冷漠的冰層下魚兒順水漂去，
聽不到一聲魚兒痛苦的歎息，
既然得不到一點溫暖的陽光，
又怎樣迎送生命中絢爛的朝夕？！

現實中沒有波浪，
可怎麼浴血搏擊？
前程呵，遠不可測，
又怎麼把希望託寄？

魚兒精神上惟一的安慰，
便是沉緬於甜蜜的回憶。
讓那痛苦和歡欣的眼淚，
再次將淡淡的往事托起。

既不是春潮中追逐的花萼，
也不是驕陽下恬靜的安息，
既不是初春的寒風料峭，

也不是仲夏的綠水漣漪。

而是當大自然纏上白色的繃帶，
流著鮮血的傷口剛剛合癒。
地面不再有徘徊不定的枯葉，
天上不再掛深情纏綿的寒雨。

它是怎樣猛烈地彈躍呵，
爲了不失去自由的呼吸；
它是怎樣瘋狂地反撲呵，
爲了不失去魚兒的利益。

雖然每次反撲總是失敗，
雖然每次彈躍總是碰壁。
然而勇敢的魚兒並不死心，
還在積蓄力量作最後的努力。

終於尋到了薄弱的環節，
好呵，弓起腰身彈上去，
低垂的尾首凌空躍展，
那麼靈活又那麼有力！

一束淡淡的陽光投到水裡，
輕輕撫摸著魚兒帶血的雙鰭：
　“孩子呵，這是今年最後的一面，
下次相會怕要到明年的春季。”

魚兒迎著陽光愉快地歡躍著，

不時露出水面自由地呼吸。
鮮紅的血液溶進緩緩的流水，
頓時舞作疆場上飄動的紅旗。

突然，一陣劇烈的疼痛
使魚兒昏迷，沉向水底。
我的魚兒啊，你還年輕，
怎能就這樣結束一生？！

不要再沉了，不要再沉了，
我的心呵，在低聲地喃語。
……終於，魚兒甦醒過來了，
又拼命向著陽光遊去。

當它再一次把頭露出水面，
這時魚兒已經竭盡全力。
冰冷的嘴唇還在無聲地翕動，
波動的水聲已化作高傲的口氣：

"永不畏懼冷酷的風雪，
絕不俯仰寒冬的鼻息。"
說罷，返身紮向水底，
頭也不回地向前遊去……

冷漠的冰層下魚兒順水漂去，
聽不到一聲魚兒痛苦的歎息。
既然得不到一點溫暖的陽光，
又何必迎送生命中絢爛的朝夕？！

二

趁著夜色，鑿開冰洞，
漁夫匆忙地設下了網繩。
堆放在岸邊的食品和煙絲，
朦朧中等待著藍色的黎明。

為什麼懸垂的星斗像眼淚一樣晶瑩？
難道黑暗之中也有真摯的友情？
但為什麼還沒等到魚兒得到暗示，
黎明的手指就摘落了滿天慌亂的寒星？

一束耀眼的燦爛陽光，
晃得魚兒睜不開眼睛，
暖化了冰層下凍結的夜夢
慈愛地將沉睡的魚兒喚醒：

“我的孩子呵，可還認識我？
可還叫得出我的姓名？
可還在尋找命運的神諭？
可仍然追求自由與光明？”

魚兒聽到陽光的詢問，
睜開了迷惘失神的眼睛，
試著擺動麻木的尾翼，
雙鰭不時拍拂著前胸：

"自由的陽光，真實地告訴我，
這可是希望的春天來臨？
岸邊可放下難吃的魚餌？
天空可已有歸雁的行蹤？"

沉默呵，沉默，可怕的沉默，
得不到一絲一毫的回聲。
魚兒的心呵突然顫抖了，
它聽到樹枝在嘶喊著苦痛。

警覺催促它立即前行，
但魚兒癡戀這一線光明，
它還想借助這縷陽光，
看清楚自己渺茫的前程……

當魚兒完全失去了希望，
才看清了身邊猙獰的網繩。
"春天在哪兒呵，"它含著眼淚
重又開始了冰層下的旅程。

像漁夫咀嚼食品那樣，
陽光撕破了貪婪的網繩。
在煙絲騰起的雲霧之中，
漁夫做著豐收的美夢。

三

甦醒的春天終於盼來了，

陽光的利劍顯示了威力，
無情地割裂冰封的河面，
冰塊在河床裡掙扎撞擊。

冰層下睡了一冬的水蟒，
剛露頭又趕緊縮回河底；
榮稱爲前線歌手的青蛙，
也嚇得匆忙向四方逃匿。

我的魚兒，我的魚兒呵，
你在哪裡，你在哪裡？
你盼了一冬，就是死了，
也該浮上來你的屍體！

真的，魚兒真的死了，
眼睛像是冷漠的月亮，
剛才微微翕動的腮片，
現在像平靜下去的波浪。

是因爲它還年輕，性格又倔強，
它對於自由與陽光的熱切渴望，
使得它不顧一切地躍出了水面，
但卻落在了終將消溶的冰塊上。

魚兒臨死前在冰塊上拼命地掙扎著，
太陽急忙在雲層後收起了光芒 ——
是她不忍心看到她的孩子，
年輕的魚兒竟是如此下場。

魚兒卻充滿獻身的欲望：
"太陽，我是你的兒子，
快快抽出你的利劍啊，
我願和冰塊一同消亡！"

真的，魚兒真的死了，
眼睛像是冷漠的月亮，
剛才微微翕動的腮片，
現在像平靜下去的波浪。

一張又一張新春的綠葉，
無風自落，紛紛揚揚，
和著淚滴一樣的細雨，
把魚兒的屍體悄悄埋葬。

是一堆鋒芒畢露的魚骨，
還是堆豐富的精神礦藏，
我的靈魂那綠色墳墓，
可會引人深思和遐想……

當著冰塊已消亡，
河水也不再動盪。
草叢裡蹦來青蛙，
浮藻中游出水蟒。

水蟒吃飽了，靜靜聽著，
青蛙動人的慰問演唱。

水蟒同情地流出了眼淚，
當青蛙唱到魚兒的死亡。

命　運

好的名譽是永遠找不開的鈔票，
壞的名聲是永遠掙不脫的枷鎖；
如果事實真是這樣的話，
我情願在單調的海洋上終生漂泊。

哪兒去尋找結實的舢舨？
我只有在街頭四處流落，
只希望敲到朋友的門前，
能得到一點菲薄的施捨。

我的一生是輾轉飄零的枯葉，
我的未來是抽不出鋒芒的青稞；
如果命運真是這樣的話，
我情願為野生的荊棘放聲高歌。

哪怕荊棘刺破我的心，
火一樣的血漿火一樣地燃燒著，
掙扎著爬進那喧鬧的江河，
人死了，精神永遠不沉默！

1967 年

相 信 未 來

當蜘蛛網無情地查封了我的爐臺，
當灰燼的餘煙歎息著貧困的悲哀，
我依然固執地鋪平失望的灰燼，
用美麗的雪花寫下：相信未來。

當我的葡萄化為深秋的露水，
當我的鮮花依偎在別人的情懷，
我依然固執地用凝露的枯藤
在淒涼的大地上寫下：相信未來。

我要用手指那湧向天邊的排浪，
我要用手撐那托住太陽的大海，
搖曳著曙光那枝溫暖漂亮的筆桿，
用孩子的筆體寫下：相信未來。

我之所以堅定地相信未來，
是我相信未來人們的眼睛 ——
她有撥開歷史風塵的睫毛，
她有看透歲月篇章的瞳孔。

不管人們對於我們腐爛的皮肉，
那些迷途的惆悵，失敗的痛苦，
是寄予感動的熱淚，深切的同情，

還是給以輕蔑的微笑，辛辣的嘲諷。

我堅信人們對於我們的脊骨，
那無數次的探索、迷途、失敗和成功，
一定會給予熱情、客觀、公正的評定。
是的，我焦急地等待著他們的評定。

朋友，堅定地相信未來吧，
相信不屈不撓的努力，
相信戰勝死亡的年輕，
相信未來，相信生命。

1968 年

酒

火紅的酒漿彷彿是熱血釀成，
歡樂的酒杯溢滿過瘋狂的熱情，
而如今酒杯在我手中激烈地顫慄，
波動中仍有你一雙美麗的眼睛。

我已經在歡樂中沉醉，
但是爲了心靈的安寧，
我還要乾了這一杯，
喝盡你那一片癡情。

這是四點零八分的北京

這是四點零八分的北京，
一片手的海浪翻動；
這是四點零八分的北京，
一聲雄偉的汽笛長鳴。

北京車站高大的建築，
突然一陣劇烈地抖動。
我雙眼吃驚地望著窗外，
不知發生了什麼事情。

我的心驟然一陣疼痛，一定是
媽媽綴扣子的針線穿透了心胸。
這時，我的心變成了一隻風箏，
風箏的線繩就在母親的手中。

線繩繃得太緊了，就要扯斷了，
我不得不把頭探出車廂的窗櫺。
直到這時，直到這時候，
我才明白發生了什麼事情。

　── 一陣陣告別的聲浪，
就要捲走車站；
北京在我的腳下，

已經緩緩地移動。

我再次向北京揮動手臂，
想一把抓住她的衣領，
然後對她大聲地叫喊：
永遠記著我，媽媽啊北京！

終於抓住了什麼東西，
管他是誰的手，不能鬆，
因爲這是我的北京，
這是我的最後的北京。

1968 年 12 月 20 日

瘋　狗

受夠無情的戲弄之後，
我不再把自己當成人看，
彷彿我成了一條瘋狗，
漫無目的地遊蕩人間。

我還不是一條瘋狗，
不必爲饑寒去冒風險，
爲此我希望成條瘋狗，
更深刻地體驗生存的艱難。

我還不如一條瘋狗！
狗急牠能跳出牆院，
而我只能默默地忍受，
我比瘋狗有更多的辛酸。

假如我真的成條瘋狗
就能掙脫這無形的鎖鏈，
那麼我將毫不遲疑地
放棄所謂神聖的人權。

1974 年

（以上六首皆選自《北京青年現代詩
十六家》灕江出版社 1986 年 10 月版）

野　獸

黃　翔

我是一隻被追捕的野獸
我是一隻剛捕獲的野獸
我是被野獸踐踏的野獸
我是踐踏野獸的野獸

我的年代撲倒我
斜乜著眼睛
把腳踏在我的鼻樑架上
咬著
啃著
直啃到僅僅剩下我的骨頭

即使我只僅僅剩下一根骨頭
我也要哽住我的可憎年代的咽喉

1968 年

火 炬 之 歌

— 《火神交響詩》之一

詩人說我的詩是屬於未來的
是屬於未來世紀的歷史教科書的

一

在遠遠的天邊移動
在暗藍的天幕上搖晃

是一支發光的隊伍
是靜靜流動的火河
照亮了那些永遠低垂的窗簾
流進了那些彼此隔離的門扉

彙集在每一條街巷路口
斟滿了夜的穹廬
跳竄在每一雙灼熱的瞳孔裡
燃燒著焦渴的生命

啊火炬你伸出了一千隻發光的手
張大了一萬條發光的喉嚨

喊醒大路喊醒廣場
喊醒 ── 世代所有的人們 ──

被時間遺忘和忘了時間的
思想像機械一樣呆板的

情感像冰一樣凝固的
血像冰一樣冷的

臉上寫著憤怒的沉靜的
嘴角雕著失神的絕望的

生命像春天一樣蓬勃的
充滿青春活力的

還有那些濺滿污泥的躑躅的腳
和那些成群結隊徘徊的影子
連同那些蒙著塵沙的眼睛
和那些積滿油膩的污垢的心

啊火炬你用光明的手指
叩開了每間心靈的暗室

讓陌生的互相能夠瞭解
彼此疏遠的變得熟悉

讓仇恨的成為親近
讓猜忌的不再懷疑

讓可憎的傾聽良善的聲音
讓醜惡的看見美

讓骯髒的變得純潔
讓黑的變白

你帶來了一個光與熱統治的世界
一切都是這樣清明高遠聖潔
在你不可抗拒的魔力似的光圈中
全人類體驗著幸福的顫慄

二

千萬支火炬的隊伍流動著
像倒翻的熔爐像燃燒的海

火光照亮了一個龐然大物
那是主宰的主宰帝王的帝王

那是千年偶像權力的象徵
一切災難的結果和原因

於是在通天透明的火光照耀中
人第一次發出了人的疑問

爲什麼一個人能駕馭千萬人的意志
爲什麼一個人能支配普遍的生亡

為什麼我們要對偶像頂禮膜拜
被迷信囚禁我們活的意念情愫和思想
難道說偶像能比詩和生活更美
難道說偶像能遮住真理和智慧的光輝
難道說偶像能窒息愛的渴望心的呼喚
難道說偶像就是宇宙和全部的生活

讓人恢復人的尊嚴吧
讓生活重新成為生活吧

讓音樂和善構成人類的心靈吧
讓美和大自然重新屬於人吧

讓每一雙眼睛都成為一首詩吧
讓每一個人都拆除情感的堤壩吧

讓尊榮淹沒在時間的灰塵裡吧
讓時間和人永遠偉大吧

讓活著成為真實吧
讓真實是因為活著吧

讓青春經受甘美的驚悸吧
讓人生的老年像黃昏一樣恬靜吧

讓人與人不要相互提防吧
讓每一個人都配稱人吧

啊沉沉暗夜並不使人忘記晨曦
而只是增強人對光明的渴念

火的語言呀你向世界宣佈吧
人的生活必須重新安排

三

把真理的洪鐘撞響吧
—— 火炬說

把科學的明燈點亮吧
—— 火炬說

把人的面目還給人吧
—— 火炬說

把暴力和極權交給死亡吧
—— 火炬說

把供奉神像的心中廟宇搗亂和拆毀吧
—— 火炬說

把金碧輝煌的時代宮殿浮雕和建築吧
—— 火炬說

多麼崇高的火的召喚呀

多麼神聖的火的信念呀

多麼濃烈的火的氣息呀
多麼熾熱的火的語言呀

火的隊伍膨脹了
火的河流氾濫了

火的熔爐白熱了
火的大海沸騰了

火焰的手拉開重重夜幕
火光主宰著整個宇宙

人類在烈火中接受洗禮
地球在烈火中重新鑄造

火光中一個舊的衰老的正在解體
一個新的流血的跳出繦褓

　　　　　　　1969 年 8 月 13 日上午 10 時
　　　　　　　窒息中產生靈感
　　　　　　　1969 年 8 月 15 日
　　　　　　　寫於熱淚縱橫中

我看見一場戰爭

— 《火神交響詩》之三

我看見一場戰爭一場無形的戰爭
它在每一個人的臉部表情上進行著
在無數的高音喇叭裡進行著
在每一雙眼睛的驚懼不定的
眼神裡進行著
在每一個人的大腦皮層下的
神經網裡進行著
它轟擊著每一個人轟擊著每一個人身上的
生理的和心理的各個部分和各個方面
它用無形的武器發動進攻無形的刺刀
大炮和炸彈發動進攻
這是一場罪惡的戰爭
它是有形的戰爭的無形的延續
它在書店的大玻璃櫥窗裡進行
在圖書館裡進行在每一首教唱的歌曲裡
進行
在小學一年級的啟蒙教科書上進行
在每一個家庭裡進行在無數的群眾集會
上進行
在每一個動作每一句臺詞都一模一樣的
演員的藝術造型上進行

我看見刺刀和士兵在我的詩行裡巡邏
在每一個人的良心裡搜索
一種冥頑的愚昧的粗暴的力量
壓倒一切控制一切
在無與倫比的空前絕後的暴力的
進攻面前
我看見人性的性愛在退化
活的有機體心理失調
精神分裂症氾濫個性被消滅
啊啊你無形的戰爭呀你罪惡的戰爭呀
你是兩千五百多年封建極權戰爭的
延長和繼續
你是兩千五百多年精神奴役戰爭的
集中和擴大
你轟吧炸吧殺吧砍吧
人性不死良心不死人民精神自由不死
人類心靈中和肌體上的一切自然天性
和欲望
永遠洗劫不盡搜索不走

1969 年

長城的自白

── 《火神交響詩》之四

地球小小的藍藍的
我是它的一道裂痕

在灰濛濛的低垂的雲天下
我長久地站立著
我的血管僵化了
我的雙腿麻木了
我將失去支撐和平衡
在衰老中倒下和死去

那風雨剝蝕的痕跡
是我臉上年老的黑斑
那崩潰的磚石
是我掉落的牙齒
那殘剩的土墩和牆垣
是我正在肢解的肌體和骨骼

我老了
我的年輕的子孫不喜歡我
像不喜歡他們脾氣乖戾的老祖父
他們看見我就轉過臉去

不願意看見我身上穿著的黑得發綠的衣衫
我的張著黑窟窿的嘴
我臉上晃動著的油燈的昏黃的光亮
照明的葵花桿的火光
他們這樣厭惡我
甚至聞不慣我身上的那種古怪的氣味

他們用一種憎惡的眼光斜視我
像看著一具沒有殮屍的木乃伊
他們對我瞪著眼睛
在我面前喘著粗氣
搖著我推著我
揭去我背上披著的棕制的蓑衣
我戴在頭頂上的又大又圓的斗笠
他們動手了
奪下我手裡的彎月形的鐮刀
古老而沉重的五齒釘耙
憤怒地把它們扔在一邊
踩在腳下

他們說我撒謊
我長久蒙蔽他們
我的存在並不是人類世界的奇蹟
他們不願用我這把尺子
去刻度一個民族的團結和意志
他們要扔掉我這根鞭子
因為我束縛和鞭笞了一種性格
他們不能忍受我像不能忍受一條蛇

因爲我殘忍地盤踞在他們的精神世界裡
世世代代咬嚙著他們的心靈

他們要推倒我拆毀我
因爲我把他們與他們的鄰人分開
就像那些數不清的小圓石堆成的圍牆
就像那些竹子和灌木豎起的籬笆
就像那些棕櫚葉荊棘和被砍倒的
杉樹枝編織的柵欄

我把大地分割成無數的小塊
分割成無數狹窄的令人窒息的小小院落
我橫在人與人之間
隔開這一部分人與那一部分人
使他們彼此時刻提防著別人
永遠看不見鄰人的面孔
甚至聽不見鄰居說話
他們要推倒我拆毀我
因爲我的巨大身軀擋住了他們的視線
遮斷了他們院落以外的廣大世界
使他們看不見
高聳入雲的積雪的阿爾卑斯
甚至最近剛從月球和火星上回來的
藍眼睛的阿美利加
因爲我的每一塊石頭每一方泥土
都沉默地記載著人類的過去
日日夜夜地敍述著悲劇的昨天
我使他們想起

無數世代古老的征服和自衛
想起那些悠久年代的疑懼和仇恨
想起那些黑暗世紀的爭鬥犧牲和苦難
想起那些吵吵嚷嚷的分裂和不和
想起一部怒氣沖沖的人類對抗的歷史
他們要推倒我拆毀我
為了他們以前那些在精神牆垣中
死去的祖先
為了第一次把科學與民主的遺產
留給他們的子孫
為了在過去和未來之間正在搭起一座
宏偉的現代橋樑的一代
他們自己

他們
站在覺醒的大陸上
推開我的在搖晃中倒下的發黑的身軀
脫下我的守舊　中庸　狹隘　保守的
傳統屍衣
把塵封在蛛網中的無盡歲月踩在腳下
向一個新世界遙望
隔著太平洋大西洋印度洋
同對岸的毗鄰對話
向每一片大陸抬手
他們在我身後發現
被我關在裡面和推在外面的
彼此今天並不是敵人
過去那些遠的地域

原來和自己近在咫尺

我的牆垣正在地球上消失
在全人類的心靈中倒塌

我走了我已經死了
一代子孫正把我抬進博物館
和古老的恐龍化石放在一起
在這世界上我將不再留下什麼
我將帶走我所帶來的一切
在我曾經居住的大地上
科學與變革 友誼與瞭解像一群
珍貴的來客
穿過人類精神的漫漫長夜
一起跨進了未來世紀的門檻

1972 年 9 月 24 日

（以上四首皆選自《在黎明的銅鏡中 "朦朧詩" 卷》
北京師範大學出版社 1993 年 10 月版）

獻給第三次世界大戰的英雄[1]

佚　名

一

摘下發白的軍帽，
獻上潔白的花圈，
輕輕地
輕輕地走到你的墓前。
用最誠摯的語言，
傾吐我深深的懷念。

北美的百合盛開了，
又凋殘，
你在這裡躺了一年
又一年。
明天，
早霞開始的時候，
我就將返回那可愛的祖國，

---

1 編者按：《獻給第三次世界大戰的英雄》是表達一代青年渴望戰鬥、投身
世界革命的長詩，作者不詳，1969 秋從北京傳出，後來在全國各地廣為
傳抄。這是內蒙古生產建設兵團的知青抄在贈人日記本上的全詩，抄錄時
間為 1975 年 6 月。

而你
卻長眠在大西洋的彼岸，
異國的陵園。

再也聽不到你那熟悉的聲音，
再也看不到你那親切的笑臉。
忘不了你那豪爽的姿態啊，
忘不了你那雙明亮的眼。
淚水滾滾滴落，
哀聲低低迴旋。
波濤起伏的追思啊，
將我帶回很遠，
很遠……

二

公園裡一塊打遊擊，
井崗山一塊大串聯，
收音機旁，
我們一字字地傾聽著
國防部的宣戰令。
—— 在那令人難忘的夜晚，
戰鬥的渴望，
傳遍了每一根神經；
階級的仇恨，
燃燒著每一支血管。
在這最後消滅剝削制度的
第三次世界大戰中，

我們倆編在同一個班。

我們的友誼從哪裡開始
早已無從計算，
只知道她
比山高，
比路遠。
在戰壕裡
我們同吃一個麵包，
合蘸一把鹽，
低哼著同一支旋律，
共蓋著同一條軍毯。

一字字，一行行，
偉大的真理
領袖的思想
我們倆共同學了一遍又一遍。
紅旗下
懷著對黨的忠誠，
獻身的欲願，
我們把緊握槍的手高舉起，
立下鋼鐵誓言
我們願
願獻出自己的一切，
為了共產主義的實現！

在衝天的火光中，
我們肩並肩，

衝鋒在敵人的三百米防線，
衝鋒槍向剝削者
噴吐著無產階級復仇的子彈。

還記得嗎？
我們曾飲馬頓河畔，
跨過烏克蘭草原，
翻過烏拉爾的峰巔，
將克里姆林宮的紅星
再次點燃。
我們曾沿著公社的足跡，
穿過巴黎的街巷，
踏著國際歌的鼓點，
馳騁在歐羅巴的
每一個城鎮、鄉村、港灣。
瑞士的湖光，
比薩的塔尖，
葉門的晚霞，
金邊的佛殿，
富士山的櫻花，
哈瓦那的烤煙，
西班牙的紅酒，
黑非洲的清泉，
這一切啊
都不曾使我們留念！
因為我們有
鋼槍在手，
重任在肩。

多少個不眠的日日夜夜，
多少次浴血奮戰，
就這樣
我們戰無不勝的隊伍，
緊跟著紅太陽，
一往無前！

聽：
五大洲兄弟的回音，
彙聚成衝刷地球的洪流！
看：
四海奴隸們的義旗，
如星星之火正在燎原！
啊 ——
世界一片紅啊，
只剩白宮一點。

三

夜空裡升起了三顆紅色信號彈，
你拍拍我的肩：
嘿，夥計
還記得不
在中美戰場上見見我們的紅心！
 —— 這是二十年前
一位中央政治局委員的發言。
記得！

這是最後的鬥爭，
人類命運的決戰
── 就在今天！
軍號響了，
我們的紅心相通，
疾步向前……

一手是綠葉，
一手是毒箭，
這橫行了整整兩個世紀的黃銅鷹徽，
被投進了熊熊火焰。
金元帝國的統治者，
一座座大理石總統的雕像，
那僵硬的笑臉
緊舔著拼花的地板。
衝啊！
攻上最後一層樓板，
佔領最後一個制高點！
就在這個時候，
突然你撲在我身上，
用友誼和生命，
擋住了從角落裡射來的子彈，
罪惡的子彈！

你的身體沉重地倒下去了，
白宮華麗的地板上
留下你殷紅的血跡斑斑。
你的眼睛微笑著，

是那樣的坦然；
你的嘴角無聲地蠕動著，
似乎在命令我：
向前！
向前！
看那摩天樓頂上，
一面奪目的紅旗
在呼拉拉地飄揚！
火一般的軍旗
照亮了你的目光燦爛！
旗一般紅的鮮血
濕潤了你的笑臉。
我將你緊緊抱在懷裡，
痛苦折磨著我的心田。
空間，消失了！
時間，終止了！
胸中仇恨在燃燒，
耳邊是雷鳴電閃。

山崗沉默了，
大海在嗚咽，
秋葉緩緩落下，
九月的濕雲低沉淚眼。
親愛的朋友啊，
為什麼
為什麼在這勝利的時候，
你卻永遠離開我身邊！

四

戰火已經熄滅，
硝煙已經驅散。
太陽啊，
從來沒有這樣和暖；
天空啊，從來沒有這樣的藍；
孩子們臉上的笑容，
從來沒有這樣甜。
毛澤東的教導，
伊里奇的遺言，
馬克思的預見，
就在我們這一代實現。

安息吧，
親愛的朋友，
我明白你未完成的心願。
輝煌的戰後建設的重任，
有我們承擔；
共產主義大廈，
有我們來修建。
安息吧，
親愛的朋友，
白雲藍天為你譜新歌，
青峰頂頂為你傳花環。
滿山的群花血草告訴我們，
這裡有一位烈士長眠。

最後一次吻別你的笑臉，
最後一次擁抱你的身軀，
再見了，
親愛的朋友，
共同的任務，
使我們不能停步不前。

五

山高水險，
歸心似箭。
明天早霞開始的時候，
我們就要返回那久別的家園。

汪洋 ── 天水相連，
胸懷裡激情未乾。
我要向祖國莊嚴匯扣
母親啊，
你優秀的兒子，
爲人類的幸福，
歷史的必然，
而長眠在那
大西洋的彼岸，
異國的陵園。

（原載《知青日記選編》中國社會科學出版社 1996 年 8 月版）

楠 竹 歌

郭 小 川

小興安嶺的深山裡
青松如海碧；
長江南岸的林區中
楠竹滿山綠。
從前有過《青松歌》，
如今再把楠竹歌一曲。

北方的青松呵，
有最好的英雄氣質：
在狂風暴雨中
堅定不移；
在寒流大雪下
蒼然挺立。

南方的楠竹呵，
似乎不能與青松相比，
我們敬重青松，
但也不能把楠竹貶低；
青松如同老兵，
楠竹如同少女。

在我們的時代裡，
少女也有英雄志；
不愛紅裝，
愛綠色軍衣；
不愛孤獨，
愛投身於群體。

她的忠貞本性，
世世代代不變易：
一身光潔，
不教塵土染青枝；
一派清香，
不許歪風留邪氣。

她永遠保持的是一
蓬勃朝氣！
風來雨來，
滿身颯爽英姿；
霜下雪下，
照樣活躍不息。

她埋頭苦幹，
情願在深山久居；
土生土長，
為的是八方四域；
根固根深，
為的是千秋萬世。

她發展進步，
只爭朝夕：
一株竹筍出生，
半月升高十尺；
一月長成大竹，
幾年就是戰士。

她在階級鬥爭中，
頑強而鋒利：
竹弓竹箭，
能射豪紳死；
竹刺竹樁，
能阻不義師。

她不務虛名，
但求實際：
做根扁擔，
能挑千萬里，
做副籮筐，
能裝百斤米。

她的根幹枝葉，
統統獻給社會主義；
縱然當做柴燒，
也要煮熟飯食；
縱然化為灰燼，
也要養肥田地。

── 一曲楠竹唱心意，
誠心誠意寄戰士；
曲短意長歌不盡，
願將生命化竹枝！
毛澤東思想傳天下，
一代新人如同新竹平地起⋯⋯

1970 年 10 月于湖北咸寧

團泊窪的秋天

秋風像一把柔韌的梳子，梳理著靜靜的團泊窪；
秋光如同發亮的汗珠，飄飄揚揚地在平灘上揮灑。

高粱好似一隊隊的"紅領巾"，悄悄地把周圍的道路觀察；
向日葵搖頭微笑著，望不盡太陽起處的紅色天涯。

矮小而年高的垂柳，用蒼綠的葉子撫摸著快熟的莊稼；
密集的蘆葦，細心地護衛著腳下偷偷開放的野花。

蟬聲消退了，多嘴的麻雀已不在房頂上吱喳；
蛙聲停息了，野性的獨流減河也不再喧嘩。

大雁即將南去，水上默默浮動著白淨的野鴨；
秋涼剛剛在這裡落腳，暑熱還藏在好客的人家。

秋天的團泊窪啊，好像在香甜的夢中睡傻；
團泊窪的秋天啊，猶如少女一般羞羞答答。

團泊窪，團泊窪，你真是這樣靜靜的嗎？
全世界都在喧騰，哪裡沒有雷霆怒吼，風雲變化！

是的，團泊窪的呼喊之聲，也和別處一樣洪大；
聽聽人們的胸口吧，其中也和鬧市一樣嘈雜。

這裡沒有第三次世界大戰，但人人都在槍炮齊發；
誰的心靈深處 —— 沒有奔騰咆哮的千軍萬馬！

這裡沒有刀光劍影的火陣，但日夜都在攻打廝殺；
誰的大小動脈裡 —— 沒有熾熱的鮮血流響嘩嘩！

這裡的《共產黨宣言》，並沒有掩蓋在塵埃之下；
毛主席的偉大號召，在這裡照樣有最真摯的回答。

無產階級專政的理論，在戰士的心頭放射光華；
反對修正主義的浪潮，正驚退了賊頭賊腦的魚蝦。

解放軍兵營門口的跑道中，隨時都有馬蹄踏踏；
五・七幹校的校舍裡，螢光屏上不時出現《創業》和《海霞》。

在明朗的陽光下，隨時都有對修正主義的口誅筆伐；
在一排排紅房之間，常常聽見同志式溫存的夜話。

……至於戰士的深情，你小小的團泊窪怎能包容得下！
不能用聲音，只能用沒有聲音的“聲音”加以表達：

戰士自有戰士的性格：不怕污蔑，不怕恫嚇；
一切無情的打擊，只會使人腰桿挺直，青春煥發。

戰士自有戰士的抱負：永遠改造，從零出發；
一切可恥的衰退，只能使人視若仇敵，踏成泥沙。

戰士自有戰士的膽識：不信流言，不受欺詐；
一切無稽的罪名，只會使人神志清醒，大腦發達。

戰士自有戰士的愛情：忠貞不渝，新美如畫；
一切額外的貪欲，只能使人感到厭煩，感到肉麻。

戰士的歌聲，可以休止一時，卻永遠不會沙啞；
戰士的明眼，可以關閉一時，卻永遠不會昏瞎。

請聽聽吧，這就是戰士一句句從心中掏出的話。
團泊窪，團泊窪，你真是那樣靜靜的嗎？

是的，團泊窪是靜靜的，但那裡時刻都會轟轟爆炸！
不，團泊窪是喧騰的，這首詩篇裡就充滿著嘈雜。

不管怎樣，且把這矛盾重重的詩篇埋在壩下，
它也許不合你秋天的季節，但到明春準會生根發芽……

1975 年 9 月於團泊窪幹校
初稿的初稿，還需要做多次多次的修改，屬於
《參考消息》一類，萬勿外傳。（ —— 作者原注）

秋　歌

不止一次了，清爽的秋風把我從昏睡中吹醒；
不止一次了，節日的禮花點燃起我心中的火種。

今年的秋風似乎格外銳利，有如刀鋒；
今年的禮花似乎格外明亮，勝過群星。

我曾有過迷亂的時刻，於今一想，頓感陣陣心痛；
我曾有過灰心的日子，於今一想，頓感愧悔無窮。

是戰士，決不能放下武器，哪怕是一分鐘；
要革命，決不能止步不前，哪怕面對刀叢。

見鬼去吧，三分雜念，半斤氣餒，一己聲名；
滾它的吧，市儈哲學，庸人習氣，懦夫行徑。

面對大好形勢，一片光明，而不放聲歌頌；
這樣的人，哪怕有一萬個，也少於零。

眼見“修正”謬種、鬼蜮橫行，而不奮力抗爭；
這樣的人，即使有五千個，也盡飯桶。

磨快刀刃吧，要向修正主義的營壘勇敢衝鋒；

跟上工農兵的隊伍吧,用金筆剝開暗藏敵人的花色皮層。

清清喉嚨吧,重新唱出新鮮有力的戰鬥歌聲;
喝杯生活的濃酒吧,再度激起久久隱伏的革命豪情。

人民的乳汁把我餵大,黨的雙手把我育成;
不是讓我虛度年華,而是要我參加偉大的鬥爭。

同志給我以溫暖,親人給我以愛情,
不是讓我享受清福,而是要我堅持繼續革命。

戰士的一生,只能是戰鬥的一生;
戰士的作風,只能是革命的作風。

我知道,總有一天,我會衰老,老態龍鍾;
但願我的心,還像入伍時候那樣年輕。

我知道,總有一天,我會化煙,煙氣騰空;
但願它像硝滷,火藥味很濃,很濃。

聽,冰雪遼河,風雨長江,日夜激蕩有聲;
聽,南方竹陣,北國松濤,還在呼號不停。

看,運糧車隊,拖拉機群,一直轟轟躍動;
看,無數戰馬,百萬雄兵,永遠向前奔行。

清爽的秋風呵,已經把我的身軀吹得飛上晴空;
節日的禮花呵,已經把我的心胸燒得大火熊熊。

個人是渺小的，但我感到力大無窮；
因為幫我帶我的，是雄強勇健的億萬群眾。

我是愚笨的，但現在似乎已百倍聰明；
因為領我教我的，是英明偉大的領袖毛澤東！

（以上四首選自於《小川詩選》人民文學出版社 1985 年 2 月版）

啓 明 星

啞 默

你是桅桿上的一盞孤燈，
出沒在灰藍的蒼海。
濃霧沒有把你吞沒，
始終向著
夜的另一彼岸航行。

沉重的錨不曾拋下，
把自己
交付給黎明……

夜色褪去，
大地在天空
看見自己的倒影。

1970 年 9 月

（原載《啞默詩選》· 1979 年手抄本）

痛 苦 頌

佚　名

誰沒有悲哀和難過，
誰就不熱愛自己的祖國
　── 涅克拉索夫

惟有飽經創傷的心，
瞭解你意味的深長。
惟有踐踏荊棘的腳，
識得你偉力的剛強。
你究竟是血的凝積，
還是呻吟的合唱？
人們躲閃你，
甚於虎豹豺狼，
我卻願抽取心中的絲條，
編織你真切的形象。
只有你警覺活躍的跳動，
拍擊思想的昏昏夢夢。
只有你尖刻銳利的鋒芒，
喚醒意志打點戰鬥的行裝。
你從不與迷昏同在，
永遠導引覺醒的靈光。

你儘管痛苦，
卻不是人類的不幸。
哪個民族承擔了你，
就是說，
他在奮起
攀登
和高翔！
　　—— 七十年代初流傳于山西知青中

（原載自《中國知青詩抄》中國文學出版社。1998 年 2 月版）

重讀《聖經》

── "牛棚" 詩抄第 n 篇

綠　原

兒時我認識一位元基督徒，
他送給我一本小小的 "福音"，
勸我用剛認識的生字讀它：
讀著讀著，可以望見天堂的門。

青年時期又認識一位元詩人，
他案頭擺著一部厚厚的《聖經》，
說是裡面沒有一點科學道理，
但確不乏文學藝術最好的味精。

我一生不相信任何宗教，
也不擅長有滋味的詩文。
慚愧從沒認真讀過一遍，
儘管趕時髦，手頭也有它一本。

不幸 "貫索犯文昌"：又一次沉淪，
沉淪，沉淪到了人生的底層。
所有書稿一股腦兒被查抄，

單漏下那本異端的《聖經》。

常常是夜深人靜，倍感淒清，
輾轉反側，好夢難成，
於是披衣下床，攤開禁書，
點起了西元初年的一盞油燈。

不是對譬喻和詞藻有所偏好，
也不是要把命運的奧秘探尋，
純粹是爲了排遣愁緒：一下子
忘乎所以，彷彿變成了但丁。

裡面見不到什麼靈光和奇蹟，
只見蠕動著一個個的活人。
論世道，和我們的今天幾乎相仿，
論人品（唉！）未必不及今天的我們。

我敬重爲人民立法的摩西，
我更欽佩推倒神殿的沙遜：
一個引領受難的同胞出了埃及，
一個赤手空拳，與敵人同歸於盡。

但不懂爲什麼丹尼爾竟能
單憑信仰在獅穴中走出走進；
還有那彩衣斑斕的約瑟夫
被兄弟出賣後又交上了好運。

大衛血戰到底，仍然充滿人性：

《詩篇》的作者不愧是人中之鷹；
所羅門畢竟比常人聰明，
可惜到頭來難免老年癡呆症。

但我更愛赤腳的拿撒勒人：
他憂鬱，他悲傷，他有顆赤子之心：
他撫慰、他援助一切流淚者，
他寬恕、他拯救一切痛苦的靈魂。

他明明是個可愛的傻角，
幻想移民天國，好讓人人平等。
他卻從來只以"人之子"自居，
是後人把他捧上了半天雲。

可誰記得那個千古的啞謎，
他臨刑前一句低沉的呻吟：
"我的主啊，你為什麼拋棄了我？
為什麼對我的祈禱充耳不聞？"

我還向馬麗婭·馬格達蓮致敬：
她誤落風塵，心比鑽石更堅貞，
她用眼淚為耶穌洗過腳，
她恨不能代替恩人去受刑。

我當然佩服羅馬總督彼拉多：
儘管他嘲笑"真理幾文錢一斤？"
儘管他不得已才處決了耶穌，
他卻敢於宣佈"他是無罪的人！"

我甚至同情那倒楣的猶大：
須知他向長老退還了三十兩血銀，
最後還勇於悄悄自縊以謝天下，
只因他愧對十字架的巨大陰影……

讀著讀著，我再也讀不下去，
再讀便會進一步墮入迷津……
且看淡月疏星，且聽雞鳴荒村，
我不禁浮想聯翩，惘然期待著黎明……

今天，耶穌不止釘一回十字架，
今天，彼拉多決不會爲耶穌講情，
今天，馬麗婭·馬格達蓮註定永遠蒙羞，
今天，猶大決不會想到自盡。

這時"牛棚"萬籟俱寂，
四周起伏著難友們的鼾聲。
桌上是寫不完的檢查和交代，
明天是搞不完的批判和鬥爭……

"到了這裡一切希望都要放棄。"
無論如何，人貴有一點精神。
我始終信奉無神論：
對我開恩的上帝 —— 只能是人民。

1970 年

（原載《中國新詩萃》人民文學出版社 1985 年 11 月版）

懸岩邊的樹

曾　卓

不知道是什麼奇異的風
將一棵樹吹到了那邊 ——
平原的盡頭
臨近深谷的懸岩上

它傾聽遠處森林的喧嘩
和深谷中小溪的歌唱
它孤獨地站在那裡
顯得寂寞而又倔強

它的彎曲的身體
留下了風的形狀
它似乎即將傾跌進深谷裡
卻又像是要展翅飛翔……

1970 年

（選自《中國新詩萃》人民文學出版社 1985 年 11 月版）

致 大 雁

郭 小 林

秋風吹落了紅霞，
落遍滿是楓林的遠山。
夏天要走了，
帶著它的孩子 ── 大雁。
看呀，她搧著翅膀，
向我們頻頻地"再見"。

大雁呵，我承認，
飛鳥中也許是你最不平凡。
你善於在天海中遠航，
鼓起那一雙羽毛的風帆。
有時，你也能搏擊風雨，
而且那整齊的隊形依然不亂。
有時，你也能唱著歡歌，
飛過金色的田園。

我不能不讚美你
遠足海角天邊；
不能不讚美你
身體秀美而矯健。

但是呵，你
卻算不得一條英雄好漢 ──
你從來沒有決心，
用雙手把困境改變；
你從來也不願意
和我們一起留在冬天。

嚴寒來了，
你急忙把行裝打點；
溫暖去了，
你的歌聲也成了嗚咽。
你甚至來不及分享
我們豐收的狂歡；
你也顧不得
人們對你臨陣脫逃的責難。
縱然你有一千條理由，
也不能使我取消這一點意見。

大雁呵，
讓我再一次把你規勸：
不要那麼高傲吧，
把自己比做鳥中之仙。
那些卑賤的鳥兒，
不正和人民一起共苦同甘？
那勤快的 “森林醫生” 啄木鳥，
巡醫投藥把千里林區走遍。
嚴冬的每個冰冷的早晨，
“咚咚” 的叩問聲都在清晰地迴旋。

那不分冬夏消滅害蟲的，
正是性急如火的杜鵑。
就連那些平庸的鴉鵲，
也常在麥地裡把田鼠追殲⋯⋯

厭惡寒冷，
就應當以自己的熱情創造溫暖；
鄙棄落後，
就更應激起實現理想的無比勇敢。
為什麼要甘做害怕困難的懦夫？
為什麼不爭當那不畏風暴的海燕？
啊，大雁，
讓艱苦磨難把翅膀練得更強更硬吧，
讓崇高的理想使你目光更廣更遠！
讓我們共同去奮勇創造吧，
創造一個永遠溫暖，無限幸福的明天！

1971 年 11 月 12 日

（原載《中國知青詩抄》中國文學出版社 1998 年版）

三月與末日

根 子

三月是末日。

這個時辰
世襲的大地的妖冶的嫁娘
—— 春天，裏捲著滾燙的粉色的灰沙
第無數次地狡黠而來，躲閃著
沒有聲響，我
看見過足足十九個一模一樣的春天
一樣血腥假笑，一樣的
都在三月來臨。這一次
是她第二十次把大地—我僅有的同胞
從我的腳下輕易地擄去，想要
讓我第二十次領略失敗和嫉妒
而且恫嚇我：“原則
你飛去吧，像雲那樣。”
我是人，沒有翅膀，卻
使春天第一次失敗了。因為
這大地的婚宴，這一年一度的災難
肯定地，會酷似過去的十九次
伴隨著春天這娼妓的經期，它

將會在，二月以後
將在三月到來。

她竟真的這個時候出現了
躲閃著，沒有聲響
心是一座古老的礁石，十九個
兇狠的夏天的熏灼，它
沒有融化，沒有龜裂，沒有移動
不過礁石上
稚嫩的苔草，細膩的沙礫也被
十九場沸騰的大雨衝刷，燙死
礁石陰沉地裸露著、不見了
枯黃的透明的光澤、今天
暗褐色的心，像一塊加熱又冷卻過
十九次的鋼，安詳、沉重
永遠不再閃爍

既然
大地是由於遼闊才這樣薄弱，
既然他
是因為蒼老才如此放浪形骸
既然他毫不吝惜
每次私奔後的絞刑，既然
他從不奮力鍛造一個，大地應有的
樸素壯麗的靈魂
既然他浩蕩的血早就沉澱
既然他，沒有智慧
沒有驕傲

更沒有一顆
莊嚴的心
那麼，我的十九次的陪葬，也卻已被
春天用大地的肋骨搭架成的篝火
燒成了升騰的煙
我用我的無羽的翅膀 —— 冷漠
飛離即將歡呼的大地，沒有
第一次沒有拼死抓住大地 ——
這漂向火海的木船，沒有
想要拉回它

春天的浪做著鬼臉和笑臉
把船往夏天推去，我砍斷了
一直拴在船上的我的心 ——
那鋼和鐵的錨，心
冷靜地沉沒，第一次
沒有像被曬乾的蘑菇那樣怨縮
第一次沒有為失寵而腫脹出血，也沒有
擠擁出辛酸的泡沫，血沉思著
如同冬天的海，威武的流動，稍微
有些疲乏。

作為大地的摯友，我曾經忠誠
我曾十九次地勸阻過他，非常激動
　“春天，溫暖的三月 —— 這意味著什麼？”
我曾忠誠
　“春天？這蛇毒的蕩婦，她絢爛的裙裾下
哪一次，哪一次沒有掩蓋著夏天 ——

那殘忍的姘夫，那攜帶大火的魔王？”
我曾忠誠
“春天，這冷酷的販子，在把你偎依沉
醉後
哪一次，哪一次沒有放出那些綠色的
強盜
放火將你燒成灰燼？”
我曾忠誠
“春天，這輕佻的叛徒，在你被夏日的
燃燒
烤得垂死，哪一次，哪一次她用真誠
的溫存
扶救過你？她哪一次
在七月回到你身旁？”
作為大地的摯友，我曾忠誠
我曾十九次地勸阻過他，非常激動
“春天，溫暖的三月 —— 這意味著什
麼？”
我蒙受犧牲的屈辱，但是
遲鈍的人，是極認真的
錨鏈已經鏽朽
心已經成熟，這不
第一次好像，第一次清醒的三月來到了
遲早，這樣的春天，也要加到十九個，
我還計畫
乘以二，有機會的話，就乘以三
春天，將永遠烤不熟我的心 ——
那石頭的蘋果。

今天，三月，第二十個
春天放肆的口哨，剛忽東忽西地響起
我的腳，就已經感到，大地又在
固執地蠕動，他的河湖的眼睛
又混濁迷離，流淌著感激的淚
也猴急地搖曳

1971 年夏　北京

（原載《開拓》1988 年第 3 期）

致　生　活

喂，你記牢我現在說的，
我的眼睛復明了
以後。也只有我的眼睛
還是活著的。
我將努力做到比鏡子
更單純，更膚淺，更誠實
也更專斷。
鏡子只能是眼睛。
我倒要試一試，這樣做
是不是可以稍微制縛一下
你對我的愚弄，你將會不會
有所忌憚。

以後
我的大腦像狗一樣伴隨我
機警，勤勉，馴良
我相信它，溺愛它，以它爲主
我的眼睛倒是一隻狼
愚蠻，爽直不羈
我蔑視它，欺侮它，以它爲恥
我牽著它們倆
來到喧鬧的波瀾面前
狼瞅了一眼又黑又冷的水面：

"這是海，沒有邊際的。"
示意我不要冒險。
狗嗅了嗅又黑又冷的水面：
"水是甜的，可見岸並不遠。"

我斥退了狼
尾隨著狗撲向你的懷抱
狼勤勉地跟著我們。

水越來越黑，越來越冷
漸漸發鹹發苦
狼沮喪地嘮叨：
"這是海的水。"

狗沒有理睬它
繼續忠實地帶領我
游向你的深處。

風卷起波濤
狗被嗆得咳嗽不止
"會有岸嗎？狼不安地問。
"不能是假。" 狗掙扎著回答。
我們越走越遠
出發的岸已看不清
狼咆哮著："不可能有岸！"
水 —— 你詭詐地頂撞它
咆哮著，舉起島嶼
"看見了？" 狗譏笑狼

"那是水的姊妹，——
風吹來雲的影子。"
"怯懦！"
我們靠近島嶼
島不見了。
"看不見？"狼譏笑狗。
"總會有岸，水是甜的。"
我們遊了很久
靠近了許多一縱即無的島。
波浪滔天，狼
沉默了，咬著牙齒
狗勇敢地掙扎
然而還是看不見岸
最後，狗用盡了力氣，說：
"岸大概很遠。"便淹死了。

如今只有我和狼，還有
狗的僵硬的屍體
站在你的暗礁上，水
是甜的，但誰也不會知道了。
我由於虐待了誠實的狼
才失去了誠實的狗，現在
狼在準備向你復仇，我堅信它。

喂！生活，你牢記
我現在說的，以後
我不能再姑息你什麼
大腦

已經死了，被你累死的。
眼睛，
將帶領我前進，它
像鏡子那樣
單純，膚淺，誠實，專斷
不要忘記狼的認識
　──　真正的岸。

不錯，過去
我就是一隻狗
嗅著你芳香的水草，卻不知
走向無底的海
不錯，今天
我只是一隻狼
嗅不到你水草的芳香，卻
知道你是無底的海
大腦像塊石頭那樣沉默了
現在，我
不能問，也不善於聽
我要求你把一切都讓我看見
狼是刻薄的，急躁的
花香鳥語，它不感興趣
即使是肉，你也不能說：
　"明天給你"　──
你到底有沒有？
如果你說
　"我的風浪雖凶，卻並非沒有盡頭。"
那麼，住口

浮起你清晰的岸來。
如果你說
"我的面紗雖厚,卻確實是美麗的。
那麼,住口
扒下你脫不完的衣裙!
如果你說
"我萌芽雖弱,卻遲早會長成。"
那麼,住口
蘋果在哪裡?
如果你說
"我雖然像蛇,卻真是蚯蚓。"
那麼,住口
這是土地,翻掘它看看。
如果你說
"我雖然窮,卻已經積著珠寶。"
那麼,住口
打碎這透明的玻璃
如果你還要說:
"這人欺負我!"
那麼,滾開
還我愛犬來!
你能欺騙眼睛嗎?
你躲得過鏡子嗎?
用你的鹹水
浸爛瞳仁吧!
你敢撫慰狼?
如果你根本不能哄住它
那麼亂咬你是應該的事。

我還要詆毀你，因爲大腦
已經冰冷，我
　絕不思考！
絕不思考。
有香氣的是不是真正的花？
絕不思考。
映在水面上的是不是真正的太陽？
絕不思考。
或許你是深奧的。

不，腦海早就成了一片廢墟
那裡沒有地方容你的雕塑
有形有色的夢幻。
不能遠於五公尺
要不是你
以無數個五公尺
　把大腦掐死
我怎麼不聽狼的指使？
要不是你
從來沒有坦白過你的不美
把大腦氣死
我怎麼能容忍對大腦的作賤？
腦子活著的時候
我曾熟悉你
現在不行了
眼睛是我的主宰。
你所談的現象和本質
你所談的主流和支流

是不是
說給一隻狼聽的？

那麼你只能得到答案
河是渾的，海就是濁的。
樹是幹的，果子就是瘟的。
腦子早已
冤屈而死。

眼睛是懶惰而貪婪的。
它看到了遍地的農民綠色的痰，
不會想到人民的崇高。
它看到了姑娘的汙髒的肚臍，
不會想到愛情的偉大。
它看到了白天的敵人，
晚上互相雞姦
不會想到行為的純潔。
它看到五公尺以內
不會想到
五公尺以外
大腦已經
勞累而死。

喂，生活
你記牢我現在說的
眼睛是狼，它已復活
它受夠了凌辱，以後
只有它，為我活著

單純，膚淺，誠實，專斷。

你有本領
向大腦的幽靈贖罪嗎？
那狗如果復活，恐怕
又是一隻狼。

　　　　1972 年
（原載《中國知青詩抄》中國文學出版社 1998 年 2 月版）

巴 黎 公 社

依 群

奴隸的歌聲嵌進仇恨的子彈
一個世紀落在棺蓋上
像紛紛落下的泥土
呵巴黎我的聖巴黎
你像血滴像花瓣
貼在地球藍色的額頭

黎明死了
在血泊中留下早霞
你不是爲了明天的麵包
而是爲了常青的無花果樹
爲了永存的愛情
向戴金冠的騎士，舉起孤獨的劍

長　安　街

你對楊樹說："我不再愛你。"
你臉貼著銀白的樹身說："快去！"
你說："祝你幸運。"
可是眼光中再也沒有我的名字。
你從一棵白楊走向另一棵白楊，
彷彿在計算它們的數目。
我也回過頭去，
卻想讓你知道，
我在哭泣。

這事並不久遠，
我還能夠記起那些誓言
只是不再覺得羞慚，
我不能不為痛苦呼喚。
在最寒冷的一天，
我不能不走向火邊。
這也許不過是拖延，
比拖延更可怕，
也許這恰恰是苦難。
不必相信我，聽我說
我在想念；
這會叫你安慰嗎 ——
我像從前一樣孤單。
我知道我沒有真的把你忘記，
你已經變成了我的童年。

1971 年

無 題

大雨中有兩隻小鳥
在坍塌的基石下相逢
它們互相梳理羽毛
準備再飛上陰暗的天空

它們用吻來相識
不想開始
也不想結束
我們不考驗，不讚美
不期待，也不追求
避開風雨，也避開愛
想避開一切 —— 如果能夠

期望得太多
就不能專注
水能凝成冰
也容易消融
何況我們郡知遭那些
沒有微笑的港灣
沒有像水的長途
即使小船多了一副木槳
大海卻沒有盡頭

讓我們依偎
像那對打濕翅膀的小鳥

誰願意飛走
就祝他飛得高些

我只想著一件事
當我們分別的時候
乾枯的臉頰上會不會有
淚水在流

　　　　　　1972 年

你好，哀愁

窗口睜開金色的瞳仁
你好，哀愁
又在那裡把我守候
你好，哀愁
就這樣，平淡而長久
你好，哀愁
可你多像她
當我閉上眼睛的時候
你好，哀愁

1972 年

（以上四首選自《在黎明的銅鏡中 "朦朧詩"卷》
北京師範大學出版社 1993 年 10 月版）

請 纓 歌[1]

佚 名

摸摸胸口呵，
跳動著赤子
永遠熱誠的
一顆心！
黨啊！
賦予我靈魂的母親
革命後代 ——
我請長纓！

從小我就珍藏著
紅領章，紅五星。
從小我就嚮往著
中國人民解放軍。
從小我就喜愛著
刀、槍、戟、劍，革命戰爭。
從小我就盼望著
在人類解放的熊熊戰火中

---

1 編者按：《請纓歌》，作於 1971 年 1 月 14 日，作者是一名 17 歲的男兵團
戰士。在陝西延安地區插隊的北京知青張婉佳認為此詩寫出了一代青年的
真實心境，特別將全詩抄錄在自己的日記本上。

得到，壯麗的青春。
從小我就念誦著
……張思德……雷鋒……
千萬英雄的光輝的姓名。
從小我就準備著
做解放軍 ── 大學校的小學生。
記得還在我剛剛懂事
階級的仇恨
就在心頭播下了
願望的火種。
三歲的兒童，舉起了玩具槍，
　"長大去打反動派，
學解放軍！"

門前樹啊
和我同年同庚，
而今它成了材
　── 一根頂樑柱，
把高樓大廈支撐。
如今呵，
我強悍，我勇敢，
我長成了人，
願支撐起共產主義大廈，
　── 我要當工農子弟兵。

我是無產階級的一支槍，
世紀的硝煙
在胸膛中翻滾。

有洞察世界的豁口，
有瞄射仇敵的準星，
有無堅不摧的子彈，
可是，不扳動槍機，
怎能打敵人？！

我是高爐前的小小礦石，
仰望著鋼都的紅雲。
有鐵的肌肉
有鐵的筋骨
有鐵的靈魂
可是沒進高爐，
沒有高溫的熔煉
怎能變成好鋼。
怎能真正得到
我有價值的生存。

像含苞之花
常退妒花風雨。
人生的路
竟這樣坎坷
又不平。
多少事，全不如願合情。
拿槍人的後代
至今未在
東征西戰的大軍中奔行。

過去徵兵時，

為什麼，我不去報名？
誰說我：老弱病殘
身體不行？！
誰說我：還是幼稚園的頑童
不適年齡？！
難道我沒有
為保衛社會主義祖國
而英勇獻身的勇氣和決心？！
難道我沒有
為繼承父兄開創的事業
甘願歷盡苦難艱辛的壯志和豪情？！
不是
不是
都不是呵！
只因當時
爸爸沒解放，
寒霜天降
花木凋零！

消退了
消退了昨夜
我感傷的夢境。
嗟斷腸
痛碎心
黃粱枕上淚滿巾。

鼓起了
鼓起了今天

我奮鬥的勇氣，
割指寫下雄心大志，
熱血在沸騰：
　"保衛毛主席
死也要當兵！"
哪有利刀能劈水？
誰能斬斷
斬斷我心血
為意志直奔。

我蔑視
豪門士族，昔日八旗，
玩樂吃喝，養膘蓄肉，
早已失去
失去了祖先
戰鬥的本能。

我驕傲
言之無愧的真正紅後代呵，
脈脈連通父兄血。
鐵骨硬錚錚，
終日苦磨銳利青鋒，
要把革命事業承擔。

左手拾起了
意志的盾牌，
右手接過了
真理的寶劍。

黨呵，賦予我靈魂的母親，
相信你的憨兒子
答應你的憨兒子吧，
讓我加入
從井岡山出發的戰鬥行列，
加入人民解放軍！
在這風雲變幻的時刻
待命出征！

請長纓呵請長纓，
忠誠為黨不變心！
風吼
馬鳴
寶劍在長吟！

征人心比山海闊，
抱打天下大不平！
請長纓呵請長纓，
忠誠為黨不變心！
美帝踐踏臺灣的鐵蹄，
對準我們的導彈；
蘇修新沙皇的迷夢，
響徹邊疆的炮聲；
三大洲濃雲烈火，
喚起我陷陣衝鋒！

請長纓呵請長纓，
忠誠為黨不變心！

紅軍的草鞋，
八路的刀，
引我走，
教我行。
長征路上鮮血凝，
看我後來人！

請長纓呵請長纓，
忠誠爲黨不變心！
男兒願捐七尺軀，
上山打惡虎，
下海斬長鯨。
三嘯長歌一聲喊，
天崩地裂
扭轉舊乾坤！

請長纓呵請長纓，
忠誠爲黨不變心！
革命紅旗我們擎，
新世界我們手中生。
毛主席呵毛主席：
來日戰場
見娃娃紅心！

（原載《知青日記選編》中國社會科學出版社 1996 年 8 月版）

寄 杭 城

舒 婷

如果有一個晴和的夜晚，
也是那樣的風，吹得臉發燙；
也是那樣的月，照得人心歡；
呵，友人，請走出你的書房。

誰說公路枯寂沒有風光，
只要你還記得那沙沙的足響；
那草尖上留存的露珠兒，
是否已在空氣中消散？

江水一定還那麼湛藍湛藍，
杭城的倒影在漣漪中搖盪。
那江邊默默的小亭子喲，
可還記得我們的心願和嚮往？

榕樹下，大橋旁，
是誰還坐在那個老地方？
他的心是否同漁火一起，
漂泊在茫茫的江天上……

1971 年 5 月

珠　貝

― 大海的眼淚

在我微顫的手心裡放下一粒珠貝，
彷彿大海滴下的鵝黃色的眼淚……

當波濤含恨離去，
在大地雪白的胸前哽咽，
它是英雄眼裡灼燙的淚，
也和英雄一樣忠實，
嫉妒的陽光
終不能把它化做一滴清水；
當海浪歡呼而來，
大地張開手臂把愛人迎接，
它是少女懷中的金枝玉葉，
也和少女的心一樣多情，
殘忍的歲月
終不能叫它的花瓣枯萎。
它是無數擁抱，
無數泣別，
無數悲喜中，
被拋棄的最崇高的詩節；
它是無數霧晨，
無數雨夜，

無數年代裡
被遺忘的最和諧的音樂。

撒出去 ——
失敗者的心頭血
矗起來 ——
勝利者的紀念碑。
它目睹了血腥的光榮，
它記載了偉大的罪孽。

它是這樣偉大，
它的花紋，它的色彩，
包羅了廣渺的宇宙，
概括了浩瀚的世界；
它是這樣渺小，如我的詩行一樣素潔，
風淒厲地鞭打我，
終不能把它從我的手心奪回。

彷彿大海滴下的鵝黃色的眼淚，
在我微顫的手心裡放下了一粒珠貝……

1975 年 1 月 10 日

致 大 海

大海的日出
引起多少英雄由衷的讚歎；
大海的夕陽
招惹多少詩人溫柔的懷想。
多少支在峭壁上唱出的歌兒，
還由海風日夜
日夜地呢喃；
多少行在沙灘上留下的足跡，
多少次向天邊揚起的風帆，
都被海濤秘密、
秘密地埋葬。

有過咒罵，有過悲傷，
有過讚美，有過榮光。
大海 ── 變幻的生活，
生活 ── 洶湧的海洋。

哪裡是兒時挖掘的沙穴？
哪裡有初戀並肩的蹤影？
啊，大海，
就算你的波濤
能把記憶滌平，
還有些貝殼，

散在山坡上
如夏夜的星。

也許漩渦眨著危險的眼，
也許暴風張開貪婪的口，
呵，生活，
固然你已斷送
無數純潔的夢，
也還有些勇敢的人，
如暴風雨中
疾飛的海燕。

傍晚的海岸夜一樣冷清，
冷夜的瞎岩死一般嚴峻。
從海岸到蟾岩，
多麼寂寞我的影；
從黃昏到夜闌，
多麼驕傲我的心。

"自由的元素"呵，
任你是佯裝的咆哮，
任你是虛偽的平靜，
任你攜走過去的一切
一切的過去 ——
這個世界
有沉淪的痛苦，
也有蘇醒的歡欣。

1975 年 2 月

初 春

朋友，是春天了，
驅散憂愁，揩去淚水
向著太陽歡笑。
雖然還沒有花的洪流
衝毀冬的鐐銬，
奔瀉著酩酊的芬芳，
氾濫在平原、山坳；
雖然還沒有鳥的歌瀑，
飛濺起千萬銀珠，
四散在霧濛濛的拂曉，
滾動在黃昏的林陰道。
但等著吧，
一旦驚雷起，
烏雲便倉皇而逃，
那最美最好的夢呵，
許會在一夜間輝煌地來到！

是還有寒意，
還有霜似的煩惱。
如果你側耳聽：
五老峰上，狂風還在呼嘯，
戰慄的山谷呵，
彷彿一起呼號。

但已有幾朵小小的杜鵑
如吹不滅的火苗，
使天地溫暖，
連雲兒也不再他飄。
友人，讓我們說，
春天之所以美好、富饒
因爲它經過了最後的料峭。

1975 年 2 月

船

一隻小船
不知什麼緣故
傾斜地擱淺在
荒涼的礁岸上
油漆還沒褪盡
風帆已經折斷
既沒有綠樹垂蔭
連青草也不肯生長

滿潮的海面
只在離它幾米的地方
波浪喘息著
水鳥焦灼地撲打翅膀
無垠的大海
縱有遼遠的疆域
咫尺之內
卻喪失了最後的力量

隔著永恆的距離
他們悵然相望
愛情穿過生死的界限
世紀的空間
交織著萬古常新的目光

難道真摯的愛
將隨著船板一起腐爛
難道飛翔的靈魂
將終身監禁在自由的門檻

1975 年 6 月

呵，母親

你蒼白的指尖理著我的雙鬢，
我禁不住像兒時一樣
緊緊拉住你的衣襟。

呵，母親。
爲了留住你漸漸隱去的身影，
雖然晨曦已把夢剪成煙縷，
我還是久久不敢睜開眼睛。

我依舊珍藏著那鮮紅的圍巾，
生怕浣洗會使它
失去你特有的溫馨。
呵，母親，
歲月的流水不也同樣無情？
生怕記憶也一樣褪色呵，
我怎敢輕易打開它的畫屏？
爲了一根刺我曾向你哭喊，
如今戴著荊冠，我不敢，
一聲也不敢呻吟。
呵，母親，
我常悲哀地仰望你的照片，
縱然呼喚能夠穿透黃土，
我怎敢驚動你的安眠？

我還不敢這樣陳列愛的禮品，
雖然我寫了許多支歌
給花、給海、給黎明。
呵，母親，
我的甜柔深謐的懷念，
不是激流，不是瀑布，
是花木掩映中唱不出歌聲的古井。

1975 年 8 月

秋 夜 送 友

第一次被你的才華所觸動
是在迷迷濛濛的春雨中
今夜相別，難再相逢
桑枝間嗚咽的
已是深秋遲滯的風

你總把自己比作
雷擊之後的老松
一生都治不好燎傷的苦痛
不像那揚花飄絮的岸柳
年年春天更換一次姿容

我常願自己像．
南來北去的飛鴻
將道路鋪在蒼茫的天空
不學那顧影自憐的鸚鵡
朝朝暮暮離不開金絲籠

這是我們各自的不幸
也是我們共同的苦衷
因為我們對生活想得太多
我們的心呵

我們的心才時時這麼沉重

什麼時候老椿發新芽
搖落枯枝換來一樹蔥蘢
什麼時候大地春常在
安撫困倦的靈魂
無須再來去匆匆

1975 年 11 月

贈

我為你扼腕可惜
在那些月光流蕩的舷邊
在那些細雨霏霏的路上
你拱著肩，袖著手
怕冷似地
深藏著你的思想
你沒有覺察到
我在你身邊的步子
放得多麼慢
如果你是火
我願是炭
想這樣安慰你
然而我不敢
我為你舉手加額
為你窗扉上閃熠的午夜燈光
為你在書櫃前彎身的形象
當你向我袒露你的覺醒
說春洪重又漫過了
你的河岸
你沒有問問
走過你的窗下時
每夜我怎麼想
如果你是樹

我就是土壤
想這樣提醒你
然而我不敢

　　　1975 年年 11 月

（以上八首皆原載於《雙桅船》上海文藝出版社 1982 年 2 月版）

致漁家兄弟

芒　克

你們好！漁家兄弟：
一別已經到了冬天，
但和你們一同度過的那個波濤的夜晚，
卻使我時常想起。

記得河灣裡燈火聚集，
記得漁船上話語親密，
記得你們款待我的老酒，
還記得你們講起的風暴與遭遇……

當然，我還深深地記著，
就在黎明到來的時候，
你們升起帆
並對我唱起一支憂傷的歌曲。

而我，久久地站在岸邊
目送你們遠去。
耳邊還迴響著：
冰凍的時候不要把漁家的船忘記……

啊，漁家兄弟！
從離別直到現在，
我的心裡還一直叮嚀著自己：
冰凍的時候不要把漁家的船忘記！

1971 年

天　空

一

太陽升起來，
天空血淋淋的
猶如一塊盾牌。

二

日子像囚徒一樣被放逐，
沒有人來問我，
沒有人寬恕我。

三

我始終暴露著，
只是把恥辱用唾沫蓋住。

四

天空，天空！
把你的疾病
從共和國的土地上掃除乾淨。

五

可是，希望變成淚水
掉在了地上。
我們怎麼能夠確保明天的人們不悲傷！

六

我遙望著天空
我屬於天空。
天空啊，你提醒著
那向我走來的世界。

七

爲什麼我在你的面前走過
總會感到羞怯？
好像我老了，
我拄著棍子。
過去的青春終於落在我手中，
我拄著棍子！
天空，你要把我趕到哪裡去？
我爲了你才這樣力盡精疲。

八

誰不想把生活編織成花籃？

可是，美好被打掃得乾乾淨淨。
我們還年輕，
你能否愉悅著我們的眼睛？

帶著你的溫暖，
帶著你的愛，
再用你的船將我遠載。

希望，請你不要去得太遠，
你在我身邊
就足以把我欺騙！

十一

太陽升起來，
天空 ── 這血淋淋的盾牌。

1973 年

路上的月亮

一

月亮陪著我走回家。
我想把她帶到將來的日子裡去。
一路靜悄悄……

二

咪，咪，咪……
請你不要再把我打攪。
你是人嗎？
也許你比人還可靠。

三

當然了，
沒有比作人更值得驕傲。
而你呢？
你是貓。
貓生下來就騷。

四

我想把她帶到將來的日子裡去！
不論怎樣，
想一想總比不想好。

五

生活真是這樣美好，
睡覺！

六

月亮獨自在荒野上飄。
她是什麼時候失掉的，
我一點也不知道。

1973 年

太 陽 落 了

一

你的眼睛被遮住了，
你低沉，憤怒的聲音
在陰森森的黑暗中衝撞：
放開我！

二

太陽落了。
黑夜爬了上來，
放肆地掠奪。
這田野將要毀滅，
人
將不知道往哪兒去了。

三

太陽落了。
她似乎提醒著：
你不會再看到我。

四

我是多麼憔悴，
黃種人？
我又是多麼愛！
愛你的時候，
充滿著強烈的要求。

五

太陽落了。
你不會再看到我！

六

你的眼睛被遮住了。
黑暗是怎樣在你身上掠奪，
你好像全不知道。
但是，
這正義的聲音強烈地回蕩著：
放開我！

1973 年

街

我至今不清楚自己準確的年齡大
概已活了十幾年
可是我卻知道我的腦袋什麼烏七
八糟的事都想
我走在街上雙腳使勁兒地踩著一
個女孩兒的影子
從我身旁晃悠著走過一個被拍著
屁股的嬰兒睡著了
離我不遠的那個老頭兒不知他從
地下撿走了什麼
誰也不理睬那些孩子們挺著肚皮
在大街上撒尿
我突然被嚇了一跳竟有人把狗放
出家門我急忙躲開
人群中不知是什麼人在眾目睽睽
之下嘔吐一地
我視而不見轉身發現對面一雙大
膽而放蕩的眼睛
我簡直不明白她為何這副模樣她
為什麼要出來丟臉
迎面一個無事可幹的男人胖得油
亮直眉瞪眼地盯著我
我猜不出他想幹什麼他肚子裡打

著什麼主意
真是討厭一隻挨了打的貓衝著一
個呆子叫個沒完
我對著它指手畫腳地嚷嚷你怎麼
不躥上去抓他的臉
可是這個笨蛋反倒逃跑了我詛咒
它決不會有好下場
在高處有扇窗戶打開著並且跳出
一個醜姑娘的面孔
我同她打個招呼鬧著玩兒卻把她
的頭嚇得縮了進去
我真想不出她想的是什麼我感到
好笑又覺得無聊
忽然一個女人驚惶的聲音像急救
車一樣尖叫著跑過
緊跟著在她後面傳來一個兇惡的
男人滿嘴的髒話
看熱鬧的人議論紛紛當中還有人
比畫著下流手勢，
一個小夥子把痰吐在了那個畫
在牆上的女人的身上
我差點兒摔了一跤真他媽的居然
路上堆著垃圾
那一頭碰在我背後的乞丐他雙腳
在地面仔細地尋找
這會兒看來已到了晚飯的時間只見
有錢的走進了飯館
而一個油頭粉面的傢伙卻急忙解

著褲帶鑽進廁所
街上的人開始漸漸稀少我注意到
他們都回家了
就連那個太陽也好像有家似的它
這時也匆匆溜走
天黑了下來我仍舊在街上遊蕩感
到腸胃一陣疼痛
我現在真想發瘋似的喊叫讓滿街
都響起我的叫聲

1974 年

（以上五首選自《中國知青詩抄》中國文學出版社 1998 年 2 月版）

凍 土 地

像白雲一樣飄過去送葬的人群，
河流緩慢地拖著太陽，
長長的水面被染得金黃。
多麼寂靜，
多麼遼闊，
多麼可憐的，
那大片凋殘的花朵。

（寫于"文革"中）

白房子的煙

白房子的煙
又細又長，
那個女人慢慢走向河灘⋯⋯
那兒漂過去半段桅桿，
上面佈滿了破碎的彈片。

（寫于 "文革" 中）

（以上二首選自《北京青年現代詩十六家》

灕江出版社 1986 年 10 月版）

晚霞，心靈留戀的蒼茫

孫 越 生

天邊的晚霞，
散發出餘燼的光芒；
我拉著板車，
孤獨地走在田徑上。

卑微的身軀，
在瑰麗的自然中神傷；
無權的知識，
在無知的權力下彷徨。

為什麼今天又要用渺小，
去渲染偉大的榮光？
還要用愚昧，
來塑造聖殿的輝煌？

生命多麼短促
生活多麼乖張；
在那長眠的墓地，[1]

---

1 在林彪下達"不吃飯、不睡覺也要把'516'分子統通挖出來"的動員令

　　黑夢也不能悠長！

　　晚風陣陣吹來，
　　餘霞漸漸燒光；
　　只有求知的心靈，
　　留戀自然的蒼茫。

　　　　　　1972 年 4 月

　　（原載《幹校心蹤》社會科學文獻出版社 1997 年 5 月版）

後，有位學員不堪逼供信的冤屈和淩辱而自盡。此處所指墓地，即是其葬
身之所。但入土當晚即被人掘開。剝光衣服和塑膠布，暴屍荒野。後由學
員再次掩埋。途經此墳，每有同悲，故作。

當人民從乾酪上站起

多　多

歌聲，省略了革命的血腥
八月像一張殘忍的弓
惡毒的兒子走出農舍
攜帶著煙草和乾燥的喉嚨

牲口被蒙上了野蠻的眼罩
屁股上掛著發黑的屍體像腫大的鼓
直到籬笆後面的犧牲也漸漸模糊
遠遠地，又開來冒煙的隊伍……

1972 年

年　代

沉悶的年代蘇醒了
炮聲微微地撼動大地
戰爭，在倔強地開墾
牲畜被徵用，農民從田野上歸來
抬著血淋淋的犁……

1973 年

解　　放

革命者在握緊的拳頭上睡去
"解放"慢慢在他的記憶中成熟
像不眠的夢，像一隻孤獨的帆角
愛情也不再知道它的去處
只有上帝在保佑它驚心動魄的歸宿……

1973 年

致 太 陽

給我們家庭，給我們格言
你讓所有的孩子騎上父親肩膀
給我們光明，給我們羞愧
你讓狗跟在詩人後面流浪

給我們時間，讓我們勞動
你在黑夜中長睡，枕著我們的希望
給我們洗禮，讓我們信仰
我們在你的祝福下，出生然後死亡

查看和平的夢境、笑臉
你是上帝的大臣
沒收人間的貪婪、嫉妒
你是靈魂的君王

熱愛名譽，你鼓勵我們勇敢
撫摸每個人的頭，你尊重平凡
你創造，從東方升起
你不自由，像一枚四海通用的錢！

1973 年

手 藝

—— 和瑪琳娜・茨維塔耶娃

我寫青春淪落的詩
（寫不貞的詩）
寫在窄長的房間中
被詩人姦污
被咖啡館辭退街頭的詩
我那冷漠的
再無怨恨的詩
（本身就是一個故事）
我那沒有人讀的詩
正如一個故事的歷史
我那失去驕傲
失去愛情的
（我那貴族的詩）
她，終會被農民娶走
她，就是我荒廢的時日……

1973 年

無　　題

一個階級的血流盡了
一個階級的箭手仍在發射
那空漠的沒有靈感的天空
那陰魂縈繞的古舊的中國的夢
當那枚灰色的變質的月亮
從荒漠的歷史邊際升起
在這座漆黑的空空的城市中
又傳來紅色恐怖急促的敲擊聲……

1974 年

烏　　鴉

像火葬場上空
慢慢飄散的灰燼
它們，黑色的殯葬的天使
在死亡降臨人間的時候
好像一群逃離黃昏的
音樂標點……
目送它們的
是一個啞默的
劇場一樣的天空
好像無數沉寂的往事
在悲觀的沉浸中
繼續消極地感歎……

1974 年

（以上七首選自《中國知青詩抄》
中國文學出版社 1998 年 2 月版）

悼念一棵楓樹

牛　漢

我想寫幾篇小詩，把你最後的綠葉保留下幾片來。
　── 摘自日記

湖邊山丘上
那棵最高大的楓樹
被伐倒了……
在秋天的一個早晨

幾個村莊
和這一片山野
都聽到了，感覺到了
楓樹倒下的聲響

家家的門窗和屋瓦
每棵樹，每根草
每一朵野花
樹上的鳥，花上的蜂
湖邊停泊的小船
都顫顫地哆嗦起來……
是由於悲哀嗎？

這一天
整個村莊
和這一片山野上
飄忽著濃郁的清香

清香
落在人的心靈上
比秋雨還要陰冷

想不到
一棵楓樹
表皮灰暗而粗獷
發著苦澀氣息
但它的生命內部
卻貯蓄了這麼多的芬芳

芬芳
使人悲傷

楓樹直挺挺的
躺在草叢和荊棘上
那麼龐大，那麼青翠
看上去比它站立的時候
還要雄偉和美麗

伐倒三天之後
枝葉還在微風中

簌簌地搖動
葉片上還掛著明亮的露水
彷彿億萬隻含淚的眼睛
向大自然告別

哦，湖邊的白鶴
哦，遠方來的老鷹
還朝著楓樹這裡飛翔呢

楓樹
被解成寬闊的木板
一圈圈年輪
湧出了一圈圈的
凝固的淚珠

淚珠
也發著芬芳

不是淚珠吧
它是楓樹的生命
還沒有死亡的血球

村邊的山丘
縮小了許多
彷彿低下了頭顱

伐倒了
一棵楓樹

伐倒了
一個與大地相連的生命

1973 年秋

（原載《長安》1981 年第 1 期）

麂子，不要朝這裡奔跑

遠遠的
遠遠的
一隻棕紅色的麂子
在望不到邊的
金黃的麥海裡
一竄一竄地
似飛似飄
朝這裡奔跑

四面八方的人
都看見了它
用驚喜的目光
用讚歎的目光
用擔憂的目光
麂子
遠方來的麂子
你為什麼生得這麼靈巧美麗
你為什麼這麼天真無邪
你為什麼莽撞地離開高高的山林
五六個獵人
正伏在草叢裡
正伏在山丘上

槍口全盯著你

哦，麂子
不要朝這裡奔跑

1974 年初夏，咸寧。

（選自《中國新詩萃》人民文學出版社 1985 年 11 月版）

流浪漢之歌

宋 海 泉

一

抖索飄搖的枯葉被帶上長空，
哀鳴失群的孤雁被留在沙灘上；
同是一個淒風苦雨的夜晚，
流浪漢蜷曲在冰冷的棧房。

飽經身世的浮沉，
歷盡人間的風浪；
現在還有什麼能攪擾這疲倦的旅客，
倒下，就進入恬靜的夢鄉。

襤褸的衣襟還滴著水滴，
頭邊枕著空空的行囊；
黧黑的額頭，深嵌著苦難的皺紋，
瘦削的面頰蒼白無光。

避開塵世的喧囂與繁華，
他來到這異國遠方；
為什麼還不收住腳步，

支撐身體的是一根斑駁的木棒。

二

他在尋找什麼？
是探索人生的真理，還是尋覓幸福的寶藏？
是追回逝去的青春的歡樂，
還是爲了贏得心愛的姑娘。
是找一塊開滿春日鮮花的山谷，
把他美好的回憶靜靜安放；
還是找一處幽深黑暗的墓穴，
把他默默腐爛的軀身埋藏？

是冷酷生活無情地追逐驅使，
還是生命的熱情在胸中奔流衝蕩？
莫非這就是命運派給的司職，
把淒涼的世界，當做那一隅溫暖的家鄉？
他邁開僵硬的雙腳，
一步步走向永恆的死亡。
啊，死亡，你偉大的造物的僕人，
把上帝的作品送還原方。

三

是的，終有一天
一坏黃土將堆在旅途的終點。
日久天長，荒草掩埋了小小的墳丘，
飄蕩的霧靄中彌漫著深沉的遺憾。

可是由於輕擲了青春年華的悔恨，
可是由於未盡情地享受美酒甘醇？
或是一咳，算了吧，世人的猜測
都是浮光掠影。

當面給他的，是姑娘們嘲笑的皮鞭，
裡面還摻著一半可憐；
背後投來的，是頑童的石子，
和老爺爺好心施捨的山藥蛋。

也許，一位少女會在墳前灑一掬真情的熱淚；
也許，一位放牛娃會獻上一束野花編成的花環；
也許，一位銀髮的老奶奶會給咿呀學話的孫子講述
"曾經有過這樣一個流浪漢……"

四

金色的太陽從東方升起，
美麗的朝霞映紅了半邊天；
蹣跚地向著太陽和死亡
走來的，是我們的流浪漢。

緊緊跟隨他的，只有自己忠實的影子，
路邊青草上露珠，依戀地打濕了褲管。
兩眼直直地盯住前方，
嫋嫋炊煙，留在後面。

“這裡也不是我的愛……”
流浪漢輕輕地感歎。
停止你的腳步吧，
打住你對命運的挑戰。
“不，我還要走，
我要走遍海角天邊……”
我只能用一聲歎息爲你送行，
流浪漢啊，固執的流浪漢。

一九七三年寫于白洋淀寨南村

海盜船謠

一柄黑色的寶劍
從劍鞘抽出，
隨手刺進黑夜的胸膛。
從隱秘而陰慘的巢穴裡，
從那被遺忘的荒涼的巢穴裡，
騰躍出來，疾馳而過，
給夜色增添黑暗。
啊，無邊的黑夜；
啊，無邊的荒漠；
還有無數個被黑夜和荒漠折磨的心。

高高地，
高高地被縛在桅桿上，
它那樣壯烈地飄揚。
像老鷹一樣安詳的，
那沉著的，端莊的，
是自由的標誌那是黑色的旗幟，
它閃動著冷酷而怪異的光。
從古老的年代，
它就君臨世界，
駕著黑天鵝一樣的翅膀。
審視著每一座礁石旁，

是不是
漂浮著船隻的骸骨；
每一個浪頭頂上，
是不是
有一朵白花在開放；
那蛇一般蠕動的波濤，
是不是
將海底攪上來骷髏
連同海上漂泊的
無家可歸的風，一起
做了獻給黎明的貢奉。
啊，那貪婪地露著血腥微笑的黎明！

躲開我吧，
躲開那個不祥的暗影。
在黑夜裡，在孤獨中，
在遠離陸地的海面上，
悄悄地把自己隱藏，緩緩地
把軀身移動。
像披斗篷的死神，
粗野，
威嚴，
沉重。

不安的警鐘狠命抽打那
發散著水腥味的空氣。
空氣戰慄著，乞求著，衝撞著，
像一頭受傷的野獸：可憐，絕望。

號炮沉默著，
被痛苦所哽塞，
大聲地喘著粗氣，
卻不得哭嚎。
快躲開我吧，
躲開那不祥的暗影。
讓我也躲開你們，
讓我馳進夜幕裡，
在沒有人的地方，
把痛苦嘔吐乾淨。
讓眼淚和雨滴流在一起，
衝上海岸，流進沙漠。
讓沙漠也變作，
一片汪洋。

我專注地，興高采烈地
和自由的侍女一道私奔。
卻又從不忘記，在空閒的時候，
在沒有人看見的時候，在黑暗裡，
憂鬱地和寂寞
放肆調情。
那顆被黑暗浸透的心，
感覺一陣輕微的悸動這是軟弱。
不止一次
像小偷一樣，它悄悄來臨。
風帆低垂了，失望地歎息著。
蓬索癱軟地堆在甲板上，
像一堆安靜的死蛇。

每到這個時刻，
我就把搶掠來的財寶，
當做錨碇沉入海底，
讓畸形怪狀的海藻，
把它守定。
即令我被洋流扼住喉嚨，
在礁石上摔得粉碎，
我也會暗自慶倖：
我的所有的財富，
沒有一點兒留給大地
作為遺贈。

由於輕蔑，我憎恨那海岸後面
古老而貧瘠的大地，
我鄙視它那與蒼蒼白髮
毫不相稱的輕狂。
在莊嚴華貴的婚宴上，
在尊貴的賓客們面前，
你竟眼睜睜地看著
你高貴的新娘被劫走，
看著"貞節"被姦污，倒在血泊裡
呻吟，沒有人救扶。
你竟然毫無血性地忍受這污辱，
你竟然忍氣吞聲像個下賤的懦夫。
你貫有的雷霆般的力量呢？
你蒼老悲壯的憤怒呢？
難道，你竟忘情，
一年一度，接來春天這個娼婦

來弄髒那本來屬於自由的婚床？
難道，你竟忍心，
世世代代，把你的嬌美的新婦
拋在陰暗的囚室，無人理睬，
任她把自己的眼淚啜飲？

我再也承受不了了。
我裝載得太多了，
沉重得連船身都快脹裂。
可是，沒有關係
用鐵錮和鉚釘，
就能把它釘個結實。
只要答應我，
讓我永遠在荒漠的海上漂流，
把希望和愛情逃避。
今天的風雨之夜，
又有多少船隻沉沒了。
但我知道，
只有垂死的大地，
永遠不會從天邊消失。
於是，那繁盛的萬家燈火，
得意地搖曳著，
拼命想引誘我。
你以為，
憑這些膽怯的燈光
就可以把我殺死嗎？。
你以為，
我會在你身邊停靠嗎？

想錯了啊，
你這衰老不貞的大地。
因爲
你早已把我放逐。
我
恨
你！
除非有一天
你向我證明，
你不愧是自由的光榮夫婿。

帆已被風撕成碎片，
舷板也被浪頭打擊得千瘡百孔，
我已經奄奄一息。
把報警的鐘聲更激蕩地敲起來，
把我這顆又黑又冷的心
也填進號炮。
這是一塊珍藏的火藥，不曾浸濕。
讓號炮暢快淒厲地哭嚎吧，
這是最後一次呼喊：
啊！希望與信仰。
啊！自由與堅貞。
啊！幸福與苦難。

那威武地蹲伏著的礁石哪裡去了？
被潮水般湧來的粗獷的淚水淹沒了。
在那喧鬧的潮頭，
屹立著一個黑影。

飄揚著黑色的旗，
支張著黑色的帆，
那就是我，海盜船的精靈。

一九七三年寫于白洋淀寨南村
（以上二首選自《中國知青詩抄》
中國文學出版社 1998 年 2 月版）

北 方 之 歌

― 致 21 歲

馬　佳

一

在無血緣又無紀念日的歲月
在我的心所隱蔽的地方
我攥緊我的歌和那歌聲之外的響動
它來自曠野的雙唇超越沉默

是那些無名的星座引導我到這裡來的
那粗糙的光教會我欣賞
你的原始的樂章
它來自河底的樸素的石子
來自鴿子窩裡的絨毛有時在收穫的日子裡
當寒冬也瞌睡的時辰
我脫下霓虹燈紡織的歌
換上你的炊煙你不朽的黑色
我愛你的農婦般的粗糙的大手
和那樸素白色因為雪在我的手心上是
純潔的藍色

我愛你的無月的星空你用那繁多的聲響
以及北方的力量開闊了我的思路
那是我的茅屋是我歌的琴箱

在我來到這裡之前
在我的歌分娩的時辰
有多少野花在收集你的音韻
它們被草莽孤立著沒有露水
和夜的恬靜的芳香
而我卻把那擁有的空間和足下的土地
把那流沙般的喉嚨和都市的光芒
把那世界角落裡最最普通的名字
我的麵粉和泉水
把那陌生人和陌生人的第一聲問候
以及春藤覆蓋的心靈中的紅色和藍色
全都奉獻
我把歌的吻吹向你的額頭

二

我和夢在夜裡流浪
我撒播歌那永不可征服的土壤
像風追趕著風雪壓疊著雪
在這些屬於我的日子裡
我和雪來自同一條路上

當荒野向我升起寒瑟的微芒
那飽食的空間那響亮的光和饑餓的光

夢的磨盤扣在歌上那歌上繫著我的脈搏
透過夜的杯觥我像沉澱的酒默默沉思
我屬於誰我母體的音樂中的
一粒多大的聲音

這聲音曾在黑暗的半球上滾動
渾身閃爍著貧困的綠色
哦在這遼闊的夜我北疆的夜
我默默地愛著你那空曠的黑色的蒼穹
那僅僅是屬於我的
是我歌的天空和翅膀

我和我的歌一起滾動
伴隨大地喘息這任憑解釋的被遺棄的大地
那來自鐵匠風箱的呼吸
給收穫的日子鍛鑄日曆
那來自蜂場的憂鬱和冰涼的蜜
以及被饑餓的星空所蜇痛的雪夜
在我心裡留下了可靠的足跡
在每只雪窩裡都倦藏著歌的歎息

呵我和我的歌的思慮一起流浪
當這個半球都在聆聽的時候
夜在沉靜中遞給我細枝

三

我沿著北方的脈搏的邊緣

尋找歌的足跡
夜在靜默中吐露著秘密
在酒槽似的夜的喉頭
在星空籠罩的草地裡我傾聽光的細語
那奇異的比野火還要蠻橫的星際
在死寂中灼痛悲哀
逃開夢的誘惑我走近甜睡的窗口
用這饑餓的脈搏輕輕叩動
三更的夢囈
一個粗壯的聲音打開門來
眼皮上覆蓋著落雪的喃喃聲
他無言地將我領進心口
凝視著我像書一樣玄深
就這樣我和他一起分食夜色
酒杯裡搖曳著我的雙唇

我今天在哪裡
我為什麼飲著他心上的酒
他為什麼將羊皮襖披在我的雙膝
那皮襖上有許多乖小的蝨子在遊戲
這天晚上我醉在愛的醇香裡
那嬌小的愛那頑皮的愛
膽怯的隱藏著話語
那親近的臉上呢吐露著親暱
呵在閃爍著和諧的夜的窗口
我消磨愛的黎明和白晝
遠遠地脫離了知識
脫離了都市裡的虛榮與憂愁

我接近你們
那捲著夢的煙絲的耕作的男人們
和那比有霧的月光還要朦朧的妻子們
我暖著你們心上的爐火
酒和獾子皮的壁墊
這是我擁有的
是愛情的枝頭

四

呵這是我的雙唇
給你們
那不可知的在沉寂中的甘霖
給你們
那永不會屈從我懷抱的雪霾
我相信我酒似的歌
永不會在你荒涼的心上沉靜
給你們不滅的星光愛的所在
生命中最純淨的鹽
給你們那水晶似的酒壺
和那白樺木桌上的月色的獾油
原諒我吧沒有任何禮物
我就是那一塊焦狀的煤
一滴酒只是一支唱倦了的小曲
無論我漂泊到哪裡
夜都向我升起她樸實的寧靜的嘴唇
和那伴隨著在星光似的淚水中滴落的
最鹹最鹹的回憶

我凝諦夜的面孔
溫柔的靜默北風
在夢的弦上彈撥詩句
雪原上搖曳著我的脈動
哦
那馬車裡顛簸的嘹亮的夢
那熬過了愛的折磨的疲倦的夢
門外風勒住了嗚咽那流浪的夢
邁過了矜持的目光叼著姑娘的心
搖著蓬鬆的尾巴倦於我真誠的溫順
的夢
那雪嘯在枝梢上磨擦過的寒瑟的夢
有時痛苦來心裡做客斟著我的鮮血
那談笑風生的殘忍的夢
那生長在草堆裡的荒涼的夢
涉過語言的河流你都忘記潤口喉嚨
請別矇騙我的鍾情多麼沙啞的夢
那緊張的隱痛那激動的沉靜
我熱衷你的過失的刀鞘裡的夢
那愛情的花園裡剝落的不潔淨的夢
那末班車劃倒的酩酊大醉的夢
呵一切的一切歌飛翔的空間
度過了遼闊的夜那旋轉的夜
爲了歌唱的緣故帶著無可掙脫的誘惑
降落了在疆北的大野
在被淚水敲打過的
泥濘的歡樂中

在野草的細絮裡還帶有垂死的憂鬱
在那被繚繞的炊煙所激動的
第一聲雞啼裡在初雪的路上
降落了靜靜地壓滿了我的唇際

五

我走向你埋藏著愛的危機的時刻
我握著眷愛的劍
就在心的隔壁
風雪挖掘著死前的寂靜
黎明的手指差一點就觸及
我的抑鬱和抑鬱中的黑色
走近那被夜折磨得憔悴的窗口
靠近我吧顫悸的大野
請把我所愛的人的呼吸
留給我的寂寞
就像有時風雪用殘暴的手臂觸動
我歌中那琥珀似的酒和溢在杯子邊緣的酒沫
爲的是燒焦的樹枝
能收容我的歌
爲的是野火能根據戰顫的目光
和螢光般的奢望詢問你
我小心地嗅著你的苦衷
爲的是你霜般的沁涼的眼睛
曾咬壞了我悲傷的腳印
爲的是我曾傾心於酒的疑問
那星形的窗前迷離的可是你的心

爲的是無望的愛替代了落雪的喃喃聲
忘掉我吧落雪時我們分別了
只是不要吹落心上的黑蜜

六

我在空闊的雪原上飛旋
翩動山雀般的翅膀
那翱翔的灰色的歌
從麥芒的竊竊低語中
吮一滴寒星問候
以及從北方的喉嚨中吹來的
永不疲倦的風
那散發著樸實的愛的
粗糙的土地
我曾用春天蒼綠的鮮血
來燒釀在十月中丢失的酒情語
我曾用被陽光灘得醉醺醺的碧葉
向乾裂的大漠致意
哦今天我捏著它的白色領略純潔
那僅僅是屬於我的
野玫瑰嫩瓣似的雪
那比雞啼還要清新的
少女細頸似的雪
我把疲憊的汗水撒播在你襤褸的衣襟上
於北風散步的地方
收穫白色的悲傷
我要永久佔有雪的純潔

就像夜在炫耀我的黑色
那上邊還興奮著酒的泡沫
我無怨地在牛唇般的土地上耕作
我追隨著每滴汗水思索
我的身體屬於哪些聲音
那遼闊的歌都有哪些顏色
垂掛冰淩的矮小的茅屋裡
還陳列著多少酒和那酒色的爐火
那被歌所粉碎的雪塊尚存多少寂寞

如果我和雪嘯在野兔的躲避處
一起守望在懸掛的北方
將用多少雪橇來馱運我的歌聲
在雪的節日裡寒冷能饋贈我
多少純淨的盛裝
我走著我和我的歌漫無目的
我沿著共和國冰涼的手指尖
在被勞動所鼓舞的每一件歡樂中
都劇烈地震顫著雪的生命
在這一條和那一條剛剛分娩的路徑
都重重地疊壓著我年輕的歌的
最純樸的吻

七

這是我愛情遊牧的地方
我以我苦難的財產以我荒涼的思想
以我過去的眼淚過失和善良

以我丟失在山谷中的尊嚴
以我飛斷了翅膀的喉嚨
那有我歌的足音它這樣廣袤
自由散佈

在它沉思的子夜繁星追逐
形成新的思想充實黎明
那新鮮的元素小麥
田野的音符
以及潛伏在荒蕪中的乾枯的真誠
這些都是我的是我的魂靈所擁有的
像緊貼在胸口的白襯衣我用靜脈
將它的純潔撼動
那永久奔騰的愛之潮汛
傍晚心和太陽在這裡飲水露宿
呵讓我從這裡開始吧
從枝梢上撷下姓名
因爲春和小鳥曾在上面幽會
無數種愛戀穿過沉默的時間
在每條雨線和新的枝條上集合
帶著忠誠和動搖走向祖國
沿著崎嶇的愛搜尋貧窮的語言
在夜的每一粒閃爍的信管下
卻爆炸著愛的呻吟

因爲鳥把春天馱來總是迴避我的嘴唇
因爲幻想的舌頭舔不到趕車人的酒壺
和高遠的天空

因為所有的焦慮
那暗淡的光的細枝上還掛著死寂的等待
因為大風吹亂篝火卻映不紅蒼穹
以及徘徊在井旁的馬群也在遲疑
發現井底的流沙像淚水
就這樣我攫緊我的喉嚨
伏臥在北方僵硬的舌頭上
我渴望當我再度歌唱的時候
大地穿上新衣裳

八

我無望地帶著黎明前的沉靜
在這沉靜中的責難
走向心的翅膀所接觸過的地方
我被四季的暗夜收容
像一片無瑕的花朵
上面只睡過一隻蜜蜂
在垂死的腿上還沾有許多垂死的蜜
哦只有我才擁有這撮秘密
如同船舶之外迴旋的風
我就是釀酒師那缸成熟的酵種
每當醉人的蒸汽籠罩衰老的茅屋時
我才學會愛這個世界

我的沉靜喲
在黎明前你是玫瑰的花瓣
我曾在心愛的人的心上

才嘗到你的顏色
我愛你像愛我的白襯衣一樣哪怕
我的脖子用節日般的快樂玷污了你
我還會緊緊地將你貼在胸上
貼在那健壯的溫暖的愛上
假如雪在兔子的路上
吹亂了你沉靜的黑髮
如同外婆給我新做的衣裳
被街上的行人挑剔著
我小心地愛著你的顏色
那交結著晶體的蜜
在烤焦的麵包片上溶解了
溢到嘴唇之外
我永久地愛你
黎明前的沉靜
太陽升起的時候請給我
你的玫瑰色

九

就這樣一個黎明又一個黎明
時間載著我和我痛苦著的
北方多難的土地
像換了一種服裝又一種服裝
我感應著死的遼闊
呵那貧困的風和貧困的陽光
只在黎明時分你是富足的
我在你的憂患中建築著我的憂患

我在你的黑暗中挖掘著我的黑暗
以及
從那空曠的生命中吹來的空曠的愛情
我是你荒涼中的一粒原子
我熟悉你的閃電和電光之外的蹤影
你十月的子孫曾給我最沉重的擁抱
這是我的靈魂在孤獨中所渴求的我接受
你衰弱的脈動的指責
因為我無法消化你母性的慈愛
我的忠誠是動搖的就像
我尊嚴的灰色的身影
永久在雪的純潔中迷亂
無論夜在垂死中投給我愛的信號
無論夜用兄弟般的擁抱向我提醒
我都是無辜的我都是幸運的
因為我的苦難和你一樣遼闊
呵我感應一個深沉的律動又開始進行
一個遺棄的嬰兒的無邊的迷茫
我的北方我接受你的黎明
即使黎明給予我的是永久的饑渴但是
請允許我把我的動脈
埋在你劇痛的根的深處

呵祖國把你的呻吟給我
把你那樹痂般的粗糙的真誠給我
把你那深埋在歷史胸懷中的力量給我
把你那凝固在傷口上的笑容給我
因為只有我是狂飲你的淚水誕生的

只有我在那高傲的悲痛中
才嘗到了你的苦難和忠誠
因爲從一個黎明到另一個黎明
我的不幸像你的不幸一樣陌生
因爲我的愛永遠是孤獨的
因爲我的苦痛再生於你的貧困
是水麵粉和鹽的結晶

我用我的心最善良最柔軟的那一面
去觸摸人類用手和嘴唇所造就的世界
有時我拖著荒涼的心到荒野散步
在風雪橫行過的地方
留下和你的指紋一樣粗糙的歌聲
像更換了一種品種又一種品種的土地
可是黎明把愛情般的信號給我
一根樹枝又一根樹枝
一條河流又一條河流永久交替
把我帶到夾著榮譽的書本裡
又走出來回到嘴唇孵育歌聲
像是荒蕪的公園裡
還沒有被歡樂踐踏過的
一束花絮

呵今天我從心上摘一瓣花
給你請把它帶到
幼稚園早餐的桌上去讓它和那些

舔光了盛蜜的盤子圍坐在桌邊的天真的孩子
一同伸伸舌頭
給你如果你交織的夜
不比我更空曠孤獨
給你在老朽的書架上
請把我夾在年邁的書籍裡
安排在一個平凡的字的身後
給你如果我能與水、鐵和食糧
一起被人類應用
我將把愛重新顛倒過來
給你假使你的痛苦
像尊嚴一樣又被人類撿起
我會無怨地永遠留在你的路邊

祖國呵如果我能夠
把世界產痛中的一切呻吟收集起來
把你像一扇窗戶似的
為了送走暗夜接待陽光
將你在貧困中推開
我將會得到一個新命名的愛
它大得超過海的意義
活躍得超過最早的春風
我將重新珍重自己
我將永久接受拋棄

那是轉換的季節

在興安嶺的眉弓骨上
希望和榮譽交歡的地方
那個深沉的律動又開始進行
落葉松把黎明接來
一片片地撕碎撒在帶霜的唇上
我用白雲捲好火山岩撚成的煙絲
和莊嚴的山脈一起噴吐晨光
那是我視覺最繁榮的地方
高聳的豎琴使陽光不得不用它那
透進密葉中的修長的手指
來撥動最原始的晨曲
在電擊的橫木旁老狗熊打著瞌睡
在鬆軟的腐葉中和背上的外孫
專心地捅著螞蟻窩
小熊模仿著外婆的樣子貪婪地舔著草棍上的美食
我迷戀那沉寂在天池中那藍澈的水
太陽靜靜地在那裡洗澡
為了報曉匆匆跑掉留下
許多金色的長髮猶如
從最深沉的夜霧中上升的微芒
展開水晶的羽翼飛向我的沉思
這一切都是渾樸的每當坐上雪橇
都想起童年時珍藏過的花糖紙
因為我的夢常常被松鼠啃掉的松果砸醒
因為從這一片葉子到那一片葉子上面的歌
都被太陽撫摸過
因為所有的寂靜那隱蔽在窩棚裡的
最後一枝暗淡的燈光

使我迷茫的心在上面憩息
因爲我敞開胸襟把最荒漠的憂患抖掉
重新塞滿黎明時刻
那充溢著松脂氣息的時光
我總會覓著野鹿的捷足飛到山崗
把雙腿浸在明澈的水裡
任意呷著金波昂頭長嘯

我嚮往遼闊同時又著戀峽谷
就像山林中最晚融化的積雪
在每塊裸露的岩壁上都留下晶瑩的歎息
於是我再一次走進山谷
走進茂密的愛再見
魁岸的松桿請把我的靜脈和古藤
都留給你的脂香
因爲我的軫懷是細膩的再見
伐木工的喉嚨當你汗水的翅膀掃蕩密林
請給我留一塊最古怪的老根作爲煙斗
使我能在老年的日子裡
給我的子孫們噴吐你神秘的傳說再現
寂靜的風我將永久把你留給我的愛
爲的是你能忠誠地保存
那曾被我的歌焚燒的灰燼
作爲新的來訪者的足跡
而轉向另一個黎明

十二

我追蹤著夜歌的流水和樹枝

穿過濃霧在巴爾嘎高原
披霜的牧草展開它的寒冷以及
成片成片的使愛顫慄的白樺林
用抽打四季的枝梢
來撫觸我的喉嚨

直到那個時候我的稟性
總是被擠壓在雷電擊毀的樹墩下
總是被隔絕被忘卻
像寒潮的呼吸
在沒有記載的日子裡
我喉嚨裡的血是藍色的因為
在諾敏河阿倫河雅魯河的匯合口上
我把靜脈遺失在那裡
那是我用羊糞烤心的地方
明月戰慄在火上
我走進夜的懷抱狂吮夢的寒汁
野火和隕石墜落在草莽深處
我的脈搏追逐著白狐的足音
跳過浮動的薄脆的冰層我把愛留在那裡
想看一看黎明如何掙脫
在很久以前在草原的風暴
在莊嚴而博大的痛苦裡
狂歡在我靜脈旁的
是那些閃電那粗野的吻
它是出生前的我是寒潮的精子

巴爾嘎喲在我真正地把我交給你之前

請接受我最冷酷的真誠
爲的是星星的閃爍的飛翔
能引導腳步
爲的是雪霾能根據我愛前的緘默
和憔悴守望你
爲的是失望露著牙齒追逐信任
和一顆無言的厭倦的心
爲的是河水的傾訴曾矇騙過淚水
使鹽背叛了它原始的純真
無論你的風掃蕩到哪裡
我都是喧響的
像一隻深夜還沸騰的酒壺
爲的是像我這水手一樣出身的感情
在季節與季節轉變的留念裡
能帶給你落生在不幸的襁褓中的苦難
的音樂
只要是你的純樸和善良
能戒備我的嘴唇
我都會高興的在風暴的弦上
在我選定寒冬做我教父的時候
在你沸騰的奶茶剛剛端到臨行遷牧者
的嘴邊
在你奶酪般潔白的乳房上
太陽升起的時候
總會放射出深沉的玫瑰色誘惑靈魂
我還能歌唱一天
我就會把喉嚨裡的火留給你的晚炊
呵巴爾嘎喇

只是我回憶的道路
不再會被絕望的雪遮迷只要是
你能永遠用最樸實的那牛糞炭火般的同情
來酬接我

十三

而現在這朵心真誠已經凋謝了
在雪和蜜都融化的時候無窮無盡的呻吟
和那永遠留不下住址的責難裡所潛伏的危機
流向寒冷的城市上空
飛掠著的傲慢的苦痛
和那甜美的秘密一同沉寂

讓我們分手吧長春
在黃昏的時候那金燦燦的笑和淚水
不要讓任何一件痛苦和歡樂發生
不要用你那盛滿悲怨的眼睛
接近我的心靈
不要用你顫抖的手從我心中再拿走
任何一滴回憶留作遺恨

哦漂泊者踏起你飛揚的歌聲吧
讓有軌電車的鐵輪將我
丟棄在寒軌上的血和冰碾碎
讓那每一夜悄悄被推開的門
永久關好再加上吻的鎖
讓那些從不失約的雪花更加熱烈

越過飲泣的神化越過沉沉冬霧
因為寒徹的冰層下沉潛的預言
在屬於昨天的日子裡已被多雪的嚴冬證實
因為我曾把心塞進綻裂的黑樺樹皮
然後
遠遠走開望著樹上的鳥沉思
因為你那多形的鈷藍色的屋脊
曾挽留住目光的腳步
使我軼懷童年我和外婆在充溢的陽光下凝望
藍藍的天空和潔淨的白鴿一同眯起眼睛
因為鹽似的雪覆蓋在愛的傷口上
使我幾乎出賣了驕傲的痛苦

呵永別了陌生的城市
只有在我最孤寂的時候
在我災難最長的河流裡我才接受你
寒冷的微笑

十四

夜追趕黎明一程又一程
四季的足音
我和雪在同一條路上無言地相攜
急遽急遽地前進
在季風換裝的日子裡
一種寂寞又一種寂寞以及
沉睡在愛之刀刃上的嘴唇
把我吹回寒冷的音符

早夜的荒原上
只剩下孤獨和冰涼的記憶
那是我的歌自娛的場所
遼闊的寂寞停泊在喉頭
用它古老而莊嚴的星光
向我問候

我的北方喲就是這樣
在你脈搏奔騰的每一處河口上
全東北手掌上燃燒著愛情
我從一個嘴唇到另一個嘴唇
一個歌者一個浪人
在屬於祖國的每一種候鳥的啼囀裡
希望和失望在野合
歲月和那永不疲倦的季候風
可以在春的門口漫步一千次
我這沒翻耕過的胸膛像
處子的動脈似的野火
將會掃蕩生長過謊言的荒原
這權利是屬於我的
是曾失落在大野中荒涼的風
那憂患和善良像孤兒與一樣沒有名義
落生在無從記載的歲月
也許就在一支衰弱的燭前
耐心守望相信於燥的夜
一定會被烤著出現黎明
這些永遠爲我所擁有

那剝光了樹皮的白樺林和
熄滅了的篝火旁的
那飄搖在引擎歡歌之中的紅色和藍色
那曾被狼的腳遺漏過的
無名的花束
乘著每度歌的雷聲滾來開放

十五

在思想枯竭的砂礫中
我找回了自己的尊嚴它穿著
和北方一樣的服裝
一樣削瘦我的尊嚴
那是在祖國寬闊的胸膛上分歧的
一條河流高大的落葉松上的白雲
和樹下萌生的蘑菇
那燃燒的每一種語言的火
像廣場一樣像柑桔一樣
像海螺的喉嚨一樣
那永不孤獨的雪永久地覆蓋著我的孤寂
矇騙我誘惑我

我頑強地說服自己
和縈迴在生命之外的聲音
這聲音固執地將我和整個世界隔離
哦在寂寞還沒來得及踐踏的那些區域
低語的白晝雪掃蕩過的荒原
我倦偎在北方貧困的懷抱裡

這時我並不屬於我
我只是那喧囂的星空中的一滴聲音
我只是那花叢中那瓣隨時可以凋落的顏色
大地曾用它嬰兒的嘴吮過我的光澤
就像遙遠的日子裡深埋的
遙遠的鐘聲

乘著衰弱的時間
我攪拌好待播的麥種
尋著銀狐的足音來到篝火輝映的雪原
我一無所有我無所不有
我伸展雙臂來報答冬的逃避
在我歌的雪橇上
馱來了新年的鐘聲

我和土地一起失望
又和小麥一起蘇醒
在被愛過的嘴上綴著落葉
語言的幾千年
人們忘卻了
飄搖的諾言的荒漠上空
迴旋的輕信之風

我趟著荒涼的年代
胸膛裡揣滿饑渴
走進我的聲音我的魂靈在擴大
我從太陽裡走來
從森林走來

從我的右手走來
帶著未曾兌現的允諾
那上面曾嫁接過最殘忍的愛
帶著蟋蟀般的情語
帶著初戀的膽怯的吻
我帶來了新的生日
奶油麵粉白髮
以及饑饉的歌

哦請打開你們心上的門吧
那公開的門和隱蔽的門
把愛的鑰匙交給我的喉嚨
用最純潔的酒和最善良的爐火
酬待我吧
那麵包上最好塗上血色的果醬
我要和早春一同飲酒攀談
一起醉倒在雪的歌上
呵假如明天
酒把它珍藏的私產給我
那最聖潔的痛苦和痛苦外的歡樂
我將被叛雪的純潔

十六

黑色的土地我的妻子
黑色的眼睛黑色的羞怯黑色的笑容
我靈魂深處的黑愛情
今天呵我擁抱你吻你

用盡全身熱情但
只是輕輕輕輕我咬你的雙唇
在那些沒有命名的日子裡
我唱過許多未曾命名的歌
我像春天一樣慷慨地揮霍你濕潤的芳香
我的心積存了許許多多的熱情
每度春光來臨便垂向大地

可是當春用她那初萌的細織的氣息
磨擦我這比河灣還要曲折的喉嚨
我不得不褻瀆
那搖籃裡酣睡的春天
那被第一個吻所激動的春天
來採釀悲涼之外的蜜
這是北方懶惰的季節
陽光吹化了雪的積慮
溫暖如同少女般地歡欣
刺激著拉撬的那匹年輕力壯的兒馬
和雪橇上冬眠的思戀

黎明河床上是玫瑰色的雪
我就是那春的本身
采到了更多的愛更多的天真

哦我暖化了一扇窗花又一扇窗花
我從一隻鳥巢吹到了另一隻鳥巢
我從一戶雞窩出來又敲拜到另一戶雞窩
酬待我吧用喉嚨和勤勞

我從一支冰淩滴到另一支冰淩
為那蒼蒼茫茫的冬日偷偷落淚

當勞頓的雪原抖落它的睡意
大地發出繁多而奇異的迴響
那像姑娘一樣驕矜的細語
那像麋鹿一樣高亢的呼籲
黎明又在伸展她的遼闊

哦讓歌聲屬於產後的母親吧
她為新年生了第一個兒子
自從我懂得了父愛的那天起
我決意終身作為斜雨
讓歌聲屬於我這淌著鼻涕的歡樂
讓歌聲屬於密封著的蜂窩
白色的卵睡在柔軟的蜜上
讓歌聲屬於水獺漂浮的窩棚
在坦蕩的水面上
它和它的子女們追逐著那塊永久也啃
不到的頑皮的月亮
讓歌聲屬於野炊屬於沸騰的水桶和
寒冷的火
讓歌聲屬於銀狐它得意揚揚地蹲在
雪窩裡
嘲笑著年輕的狩獵人
讓歌聲屬於融化的雪
屬於它融化之前的純潔因為
我過早地佔有了它的純潔

才從那冰霜交織的白樺林裡接來了春的垂青
讓歌聲屬於老獵人的槍管
屬於他那高高翹起的鬍鬚
讓歌聲屬於貝殼般的鮮蘑菇因為
散步的老狗熊經常被它滑倒揉搓屁股
而小熊卻躲在樹幹後面偷偷地笑
讓歌聲屬於我的寂寞因為寂寞對於我
永遠是空曠的
讓歌聲屬於我的脈搏吧
我的荒漠大野

十七

別了我的嘴唇接觸過的任何地方'
雞窩前的一行腳印
吐著溫情的矮小的煙囱
我要回到心裡去了

我只帶著那飛斷了翅膀的歌
因為沒有一根樹枝能承受我的委託
我要在殘冬和最冷酷的嚴寒結婚
用漠然的嫁妝贖取我的足音
它曾蔑視了我許多年使我幾乎出賣了
驕傲和自尊

我要緊咬著北方蒼野的衣襟
因為我怕淚水會浸透
從那狩獵人的煙荷包裡討來的這撮

樸實的煙絲那煙絲裡埋著愛的古老的傳說
我要收容迷路的鳥落雪和歌的羽毛
因爲在北方的每根細枝上
我佔有了鳥的歡樂我留下的
只是我靈魂的羽毛

呵我要在每一個季節的角落
都播下悲傷
如同我的名字
在都市的每條街上踩來踩去
但我還是愛它的露水
即使是盤子裡的一撮剩麵包
它還是純淨的
來自我這被踩得泥濘的尊嚴
來自小麥憂患的睫毛上
無論我將在祖國的哪一瓣花上死去
無論我會在北方的哪一種痛苦結晶
我還是帶著她並且永久
就像在我童年燦爛過的
那玩具店裡的紅色和藍色

我盼望我的歌
永久被人類的苦難所接受

那溢到盤子之外的蜜
那被愛情的風激怒的傲慢的綠葉
那從紅柳叢中吹來的馬嘯聲和尖銳的鞭聲
那灌入新型引擎的第一升柴油

那木匠的粗糙的手
那深埋著陳年的酒的泥土
那抱著第一個孩子的母親她用乳頭
輕輕觸動搖籃哼著老祖母唱倦的歌謠
那高原上的奶牛
它嚼著燕麥滿嘴涎沫
那港口的像男人的喉嚨一樣粗壯的汽笛聲
那兇猛的雛鷹它叼住
第一件獵物在崖峭上沉思
那小酒店裡的狗和它多情的尾巴
那戴著狐皮帽的獵人
用槍管吹奏飛旋的鳥啼以及
酒壺裡的爐火似的酒
那初見陽光的酥軟的煤
那伐倒的木椿
上面還長滿木耳和蘑菇

這些都是我的
屬於心的茅屋
我永遠地珍藏著舔著
孵在舌頭下攢在心上
無論我流落到哪裡
我都帶著它們

我將穿著我的白襯衣
向世界的角落傳播
去撒遍我的歌和歌的純潔

1974 年于黑龍江嫩江

（選自《中國青年詩抄》中國文學出版社 1998 年 2 月版）

二十六個音節的回想

── 獻給逝去的年歲

林　莽

A

夕陽在沉落
土地上回蕩起挽歌聲
昨日的一切已經死去
殘留下蜘蛛一樣的意念
羅織著捕獲的網

B

廟宇倒塌了
迷信的塵埃中，有泥土的金身
沒有星座，沒有月光
只有磷火在遊蕩
廢墟上漂浮起蒼白的時代

C

海，翻騰過；海，呼嘯過
浪花把漂到岸邊的殉難者催眠入睡

群帆閃動著金色的陽光
海風吹起告別的藍頭巾
生活，在時代的泡沫上漂搖

D

手撰寫著遠古的歷史
大腦永遠在發問
荒謬從哪裡誕生，醜惡又如何開始
人類的心靈中，從什麼時候起
就反鎖了偷火的巨人

E

一切都在消失，理念破碎了
思想拋棄了所有古典而端莊的情人
在人聲噪雜的城市鬼混
有時也夢見那條樸素的鄉路
那向著星空的放歌

F

記得童年，鄉野的風質樸而溫和
是母親和土地給了我一顆純潔的心
如今，仙人掌一樣地腫大著
在埋葬著朝聖者的沙灘上
長滿針刺的身軀，迎送著每一顆暴虐
的太陽

G

青春載著壓迫和忍耐

走那條被靈魂所厭棄的路
痛苦與孤獨終於登上了憤恨的山峰
正是那些值得紀念的日子，那些沒有
霧的黎明
覺醒和希望就結成了反抗的同盟

H

苦難被無情地折斷了
流出了石油一樣漆黑的血液
用苦艾酒洗澆一下受創的靈魂
剖開腳下的土地
掩埋下這顆幽咽的心

I

當我醒來的時候，戰場上沒有硝煙
橫臥在泥沼的路上
咀嚼著太陽的香味，我沒有一點力量
索性把碩長的身軀變成另一條路
讓時代的皮鞋底踏得咯咯的響

T

祖國沒有拋棄秋天般的鄉愁
風吹不散我久已的情思
在那夢永遠穿不透的夜晚，肩披滿天星幕
踉走在無數個村莊的路上
土地 ── 每寸都是島嶼

K

風雨吹打著青春的嚮往

歲月是多麼的淒涼
在遺忘過水手的荒島上
我描繪著生命的船
寄託在波濤上傳遞，滾向遙遠的地力

L

邁不開現實的意識，是一隻棕色的熊
生命從沒有揚起過浪漫的帆
這陰霾的日子，夢也不得安寧的夜晚
我就緬想著，在地殼的岩層上
建起那座偉大的燈塔

M

孩子回來了
帶著一棵脆弱的花枝
在冬天冰冷的面孔下
向雪花傾吐過夢幻
神啊，用你溫厚的斗篷，拯救這病弱的嬰兒吧

N

覆蓋冰層的心房，在幾千年的文明史上
只歌頌那侏儒般的怪物
也只有他孤傲地搏擊著夜的長空
碩大的靈魂終於衝破了矮小的軀殼
在故鄉的土地上，我，不知疲倦地效仿著

O

專制的幕布，幽禁了大理石的雕像

五線譜在鋼琴上發出刺耳的喊叫
在這個盛產高音喇叭的國度
灰制服中有女人柔美的肩肘
誰樹起的旗幟下，有一群骯髒的狗

P

辛勤的思想長滿了厚厚的老繭
心靈依舊噴吐著鉛石一樣沉重的煙
在泥沼的土地上，村莊像詩行一樣
包含著無數個昏睡的家庭
也只有勞動在黎明的晨光中覺醒

Q

時代的編年史上
一度人們拜信于古色巨大的書房的主人
當輾轉歷史的波濤洶湧時
成百萬沒有盾牌的士兵
流著蒼白的血

R

我沉痛地看著，懷著世紀末的悲哀
迷信的牛車，從這樣的國度
又進入了新的同樣的道路
在血一般的晚霞中，在青春的亡靈書上
我們用利刃鐫刻下記憶的碑文

S

子夜滾過巨大的霹靂

閃電映出一個奔逃的鬼影
緊緊抱著那些由於驚恐而麻木的心
被迷惑的肉體處在急驟的冷雨中
龐貝城顫慄著，威蘇維還沒有下定最後的決心

T

依偎在母親般的土地上，傾聽祖國的心跳
蒼白的你，躺在冰冷的手術臺上
人民將用鮮血洗滌你心靈的創傷
我無語地伸出一支粗壯的手臂
我是你忠誠的兒子

U

踏著荒涼的海岸，信步倘佯
舒展開緊蹙的眉梢，遠送著退卻的海潮
過去了，逝去了
粗糙的心，再也聽不進血腥而偽善的讚美詩
衝出原始森林，閃爍在更多的道路上

V

空氣中浮動的球體呀，運載著一個紛亂的家族
從古羅馬的短劍終於見到了太空中的蘑 菇雲
笑容可掬的人類，走在聯合國大廈的階梯上
用高腳杯盛滿仇恨，我們一飲而盡
一切都會過去，未來並沒有依附著希望

W

那個巨大的幽靈，丟失了自己的軀殼

它繞過倫敦的霧，向雨中的巴黎走去
然後在大西洋的彼岸徘徊
被閹割的人群向它呼喚它走了歷史也沒有回過頭來

X

時代邁著雜遝的腳步
夢遊在支離的哲學上
那個為人們所幻想的世界
如今從另一個星系向地球眨著眼
飛船從月球歸來，銀河是那樣遙遠

Y

風吹散了最後一縷粘著的煙
蒿草掩沒了被火燒焦的戰場
雨，淚水般地
在無轍跡的天空茫茫流過
我們沒有忘記過去的光榮

Z

霧在晨風中飄漫，四季從沒有撒謊
雪，紛紛揚揚的冬雪
在土地復甦的年頭
當太陽掠過慘白的原野
只有大自然永恆地展示開疲倦的畫面

1974 年夏一多

悼一九七四年

簌簌的雪花飄落在祖國的土地上
又是白皚皚的一年

冷落送別的宴會，舉起晶瑩的高腳杯
讓混亂的思維在酒後的沉醉中清醒
眨著水汪汪的淚眼
人們睡意惺忪，沉思著過往的一年

正是你說的那個時辰
正是這個被青年人所理解的時代
烈士死去年長久遠
孩子，根本沒有見過揩試父母鮮血的繃帶
父輩們也在憂傷中掩住了抽搐的臉

繁霜染白了祖國的髮際
衰老的思維吹響嗚咽的號角
重新召集起長長的歷史行列
給"奇數"的天才們戴上光榮的勳章
別了，一九七四，連同沒有實現的計畫
別了，你這個重新編寫歷史的年代

沒有離別的簫鼓

沒有送葬的哀歌
吻別的芳唇早已散盡了最後的餘溫
只有零亂的思想
如一條條齜牙咧嘴的惡狗
攔住了風塵僕僕的道路
幾個青年人把心靈交給了一個不可靠的陌生人
邁開自我的腳步
讓思維在懶洋洋的目光下思索
從鬆弛的口輪匝肌上
你咀嚼到了什麼
城市冒著濃煙，鄉村也在燃燒
一群瘦弱的孩子
搖著細長的手臂說
我們什麼也沒有，我們什麼也不要

在那些沉重的夜晚
我覺得一切都喪失了生趣
連憎恨也軟弱無力
歷史像一塊僵硬的表情肌
只給嘴角引來慘澹的一笑
奴隸從鬥獸場抬出過自己血肉模糊的身軀
黑色的淚水，痛苦將力不能支
人民將苦難寫在心靈的創傷裡

貓豎起了旗桿一樣的尾巴
魚確實死在了滾熱的海裡
封閉的世界
重複著眾所周知的言語

唱著高音，像別人一樣從 C 調開始
伸出一隻探索的鼻子
方向一致

做一隻透明的鳥兒，漫遊無極的世界
在混亂的人行道上，碰翻習慣的員警
臺燈的光環下，幻想著另一個星系
黑色的墨水倒在白色的桌布上，變換
著新奇的圖案
心像陀螺一樣旋轉
更多的時間是在孩子們可憐的玩具盒裡

一個女人，哄嚇著一群瘦弱的孩子
天氣這樣炎熱，喝一點僅有的汗水吧
世界不僅有成百個家庭
給心多繫上幾隻鐵錨，風還沒有刮起
最好把身子變得羽毛一樣輕

時辰到了，爐火還沒有止熄
讓雪花飄落在你的荊冠上
收住淒豔的歌聲
走了，沒有馬車，也沒有僕從

翻過三百六十五頁數字
只有這最後的時刻，你莊嚴而肅穆

1997 年元旦

（以上二首選自《中國知青詩抄》
中國文學出版社 1998 年 2 月版 ）

玉　華　洞[1]

蔡　其　矯

一

稀疏的、細小的雨點
颯颯地落在紅透的楓葉上，
寒風
吹動在荻花淨盡的蘆葦叢。
陰暗潮濕的冬天啊，
你不要將憂傷帶給我！

我不愛任何
戰慄畏縮的樹，
也不喜歡恐怖的深淵，
我要航過生活最廣闊的河
向著最自由的海，
歡樂的風爲我揚帆。

這不是你，冬天的冷雨
護送我這一次行程，

---

1 玉華洞在福建省將樂縣，全長四華里．附近生產隊社員都是業餘嚮導，能
　爲遊客詳細解說眾多石頭的形象。 ── 原注。

而是你催開的河邊野梅
和山蒼子淡黃色的蓓蕾
用它們的清香
陪伴我的長途步行。

來到山下，彷彿有
什麼東西在無言中等我，
也許在大地的腹腔裡
藏有什麼秘密的書
要我去閱讀？
於是我進入岩溶的地穴
帶著人間的愛
來拜訪你，玉華洞！

二

這是誰的住所
還用得著石將軍把門？
從黑暗中
可以看見冬天的風
進洞的絲狀痕跡
卻吹不動掛在壁上石的漁網。

旁邊一領石袈裟
和尚卻只留一個頭，
這裡不是他的地方。

這裡是完全的黑夜

雖然也有不發光的燈：
洞頂有煙薰火燎的遺跡
這是幾世代的人
點燃松柴探看
掩蓋了你本來的顏色。

三

這裡有被描摹的自然
卻都在停止的狀態。

一片琥珀色的天空
低低地懸在頭上，
這是可以撫觸到的天空。
一條彩虹分隔晴天和雨天
這邊照著不閃射的陽光
那邊布著不移動的雨雲。

永不消逝的閃電
惟一可以捕捉的閃電
它從來不發雷聲。
被封固的暴風雨，
僵化的瀑布，凝止的雪崩，
死寂的浪峰，都似從夢中馳來。

銀山傍著金山，
燦爛如麗日當天，
水晶鋪滿峰巒，

金粉落在巉岩，
露水經過無數世代
依然在樹枝上閃光。

不可思議的石上脈絡
形成天空中的地峽。
冰凍的湖
可以看見波浪中的鹽。

高山上月出 ──
這是不發光的圓月。
正對著坍毀的塔
升起石的煙霧。
海岸不再浪濤滾滾
船在岸上過著乾枯的生活。

四

嚮導對我說，那一片圓穹
鑲嵌著八仙歸洞的圖景，
伸出的腿正好踏著一片紅雲。

隕石裂縫中的劍，
戰將的頭盔和鎖子甲。
在那黑暗的水牢中
白衣的薛仁貴背著唐天子
從敵人包圍中衝殺出來
被凍結的呼聲留在張開的嘴裡。

癡心的情人，對坐相望
注視的淚眼一瞬不映，
有誰能摘掉冰的淚滴
使這幽深的洞室
不再有悲傷的故事？

被捆縛的猛虎，
被蹂躪的花朵，
顛覆的鍋，
無煙的灶，一切都表示：
不動便是死亡
停止便是毀滅。

五

啊！石頭如果有語言，我求你
告訴我
這最悲慘的歷史，
古老的洞穴呀
給我指出
那扇通往真實的門！

人對我說，那巨大的石棺
原是王妃的靈柩
因為生前貪心太大
為人神所共怒
死後被劈成兩截

遺棄在這深淵。

玉華洞呀，告訴我
那傳說中的王
是不是爲無上權威弄得昏聵
相信自己的金口能創造一切
醉心於無聲的秩序
使歌喉凍結
筆端凝止？

告訴我一切被掩蓋的事實：
那個孔雀般炫麗的妃子
爲什麼要剽竊玫瑰
每天變換服飾
向一切使節送媚
而對臣民白眼？
覆蓋悲哀的溝壑呀
把你最深的痛苦告訴我
因爲你是正直的，你不避權勢
煙薰火燎的岩石呀！

六

生活在風暴的時代
轟響中也有靜默。
玉華洞呀，要通過你
死了的嘴說話
這是不可能的！

我不向你苛求
讓我們告別吧！
經過石頭的暗夜
來到朦朧的黎明，
沿著人工的石級上升到地面
呼吸著雨後溫潤的空氣
好像夢遊人，我返回
生動的世界……

1975 年
（原載《中國新改革》人民文學出版社 1985 年 11 月版）

足　音

方　含

讓我淹沒在你的腳步聲裡吧
我的心隨著它去向遠方
在遠方荒原伸展開道路的腰肢
大海袒露綠色的胸膛

那由遠而近的清脆的足音
一下下叩擊著我的心房
它穿越千萬重時間的山林
來自夢幻中嚮往的地方

那從現實離去的漸遠的足音
觸動著歲月沉重的鞭傷
犁頭開拓處女地的田疇
深深地翻起帶血的詩行

那走過大地的孤單的腳印
在歷史的章節中默默地彷徨
戴著鐐銬的年輕的腳步
蹣跚地留下些殘斷的篇章

讓我的心隨你的腳步聲前去
那裡風雪在黑夜裡呼響
讓我用篝火融開冰層
化作重逢的熱淚兩行

讓我的苦痛消失在對你的懷念裡吧
懷念那時光久遠的以往
讓我的愛永遠追尋你留下的足跡吧
在沉思裡步入神秘的溫柔鄉

1975 年

謠　曲

我從天空慢慢地下降
夢輕盈地落在我的心上

姑娘如果你去山裡
請找到我的馬兒
它是被光偷去的
我的影子
你緊緊繫住它
用小溪的綠絲帶
然後騎上它
像一陣風
跑回
這夜的暗綠的城市

我的一滴滴紅色的眼淚
灑在秋天憔悴的臉上

姑娘如果你去海邊
請找到我的船兒
它是被風帶走的
我的聲音
你高高掛起帆
用天的藍綢子

然後駕著它
像一片雲
飄回
這夜的黑紅的海島

我的馬尾松瘦長的影子
斜斜地躺在沙灘上
讓我的影子馱著你
飛快地跑
翻過大山的駝背
鑽進森林濃密的鬍鬚裡
在野花的窩裡玩捉迷藏
從衰老的大松樹上
撿起一個
壓得彎彎的月亮

我的心靈火紅的果子
被夏天遺忘在生命的樹上

讓我的聲音拋下錨
停泊在你的門前
我的眼睛在水裡歌唱
是散落在海裡的星星
我的嘴唇
是風是浪花
輕輕地吻著
你的手臂和肩膀

我從天空慢慢地下降
夢輕盈地落在我的心上

1975 年
（以上二首選自《中國知青詩抄》
中國文學出版社 1998 年 2 月版）

智　慧　之　歌

穆　旦

我已走到了幻想底盡頭，
這是一片落葉飄零的樹林，
一片葉子標記著一種歡喜，
現在都枯黃地堆積在內心。

有一種歡喜是青春的愛情，
那是遙遠天邊的燦爛的流星，
有的不知去向，永遠消逝了，
有的落在腳前，冰冷而僵硬。

另一種歡喜是喧騰的友誼，
茂盛的花不知道還是秋季，
社會的格局代替了血的沸騰，
生活的冷風把熱情鑄爲實際。

另一種歡喜是迷人的理想，
它使我在荆棘之途走得夠遠，
爲理想而痛苦並不可怕，
可怕的是看它終於成笑談。

只有痛苦還在，它是日常生活
每天在懲罰自己過去的傲慢，
那絢爛的天空都受到譴責，
還有什麼彩色留在這片荒原？

但惟有一棵智慧之樹不凋，
我知道它以我的苦汁為營養，
它的碧綠是對我無情的嘲弄，
我咒詛它每一片葉的滋長。

1976 年 3 月

理智和感情

1、勸　告

如果時間和空間
是永恆的巨流‧
而你是一粒細沙
隨著它漂走，
一個小小的距離
就是你一生的奮鬥，
從起點到終點
讓它充滿了煩憂，
只因為你把世事
看得過於永久，
你的得意和失意，
你的片刻的聚積，
轉眼就被衝去
在那永恆的巨流。

2、答　覆

你看窗外的夜空
黑暗而且寒冷，
那裡高懸著星星，

像孤零的眼睛，
燃燒在蒼穹。
它全身的物質
是易燃的天體，
即使只是一粒沙
也有因果和目的：
它的愛憎和神經
都要求放出光明。
因此它要化成灰，
因此它悒郁不寧，
固執著自己的軌著
把生命耗盡。

1976 年 3 月

演　出

慷慨陳詞，憤怒，讚美和歡笑
是暗處的眼睛早期待的表演，
只看按照這出戲的人物表，
演員如何配製精彩的情感。

終至臺上下已習慣這種僞裝，
而對天真和赤裸反倒奇怪：
怎麼會有了不和諧的音響？
快把這削平，掩飾，造作，修改。

爲反常的效果而費盡心機，
每一個形式都要求光潔，完美；
　"這就是生活"，但違背自然的規律，
儘管演員已狡獪得毫不狡獪，

卻不知背棄了多少黃金的心
而到處只看見贋幣在流通，
它買到的不是珍貴的共鳴
而是熱烈鼓掌下的無動於衷。

1976 年 4 月

冥　想

1

爲什麼萬物之靈的我們，
遭遇還比不上一棵小樹？
今天你搖搖它，優越地微笑，
明天就化爲根下的泥土。
爲什麼由手寫出的這些字，
竟比這只手更長久，健壯？
它們會把腐爛的手拋開，
而默默生存在一張破紙上。
因此，我傲然生活了幾十年，
彷彿曾做著萬物的導演，
實則在它們永久的秩序下
我只當一會兒小小的演員。

2

把生命的突泉捧在我手裡，
我只覺得它來得新鮮，
是濃烈的酒，清新的泡沫，
注入我的奔波、勞作、冒險。
彷彿前人從未經臨的園地
就要展現在我的面前。
但如今，突然面對著墳墓，

我冷眼向過去稍稍回顧，
只見它曲折灌漑的悲喜
都消失在一片亙古的荒漠，
這才知道我的全部努力
不過完成了普通的生活。

1976 年 5 月

春

春意鬧：花朵、新綠和你的青春
一度聚會在我的早年，散發著
秘密的傳單，宣傳熱帶和迷信，
激烈鼓動推翻我弱小的王國；

你們帶來了一場不義的暴亂，
把我流放到……一片破碎的夢；
從那裡我拾起一些寒冷的智慧，
衛護我的心又走上了途程。

多年不見你了，然而你的夥伴
春天的花和鳥，又在我眼前喧鬧，
我沒忘記它們對我暗含的敵意
和無辜的歡樂被誘人的苦惱；

你走過而消失，只有淡淡的回憶
稍稍把你喚出那逝去的年代，
而我的老年也已築起寒冷的城，
把一切輕浮的歡樂關在城外。

被圍困在花的夢和鳥的鼓噪中，
寂靜的石牆內今天有了回聲
回蕩著那暴亂的過去，只一刹那，
使我悒鬱地珍惜這生之進攻……

1976 年 5 月

夏

綠色要說話，紅色的血要說話，
濁重而喧騰，一齊說得嘈雜！
是太陽的感情在大地上進發。

太陽要寫一篇偉大的史詩，
富於強烈的感情，熱鬧的故事，
但沒有思想，只是文字，文字，文字。

他寫出了我的苦惱的旅程，
正寫到高潮，就換了主人公，
我汗流浹背地躲進冥想中。

他寫出了世界上的一切大事，
（這我們從報紙上已經閱知）
只不過要證明自己的熱熾。

冷靜的冬天是個批評家，
把作品的許多話一筆抹殺，
卻仍然給了它肯定的評價。

據說，作品一章章有其連貫，
從中可以看到構思的謹嚴，
因此還要拿給春天去出版。　　　　　1976 年 6 月

有　別

這是一個不美麗的城，
在它的煙塵籠罩的一角，
像蜘蛛結網在山洞，
一些人的生活蛛絲相交。
我就鐫結在那個網上，
左右絆住：不是這個煩惱，
就是那個空洞的希望，
或者熟稔堆成的蒼老，
或者日久磨擦的僵硬，
使我的哲學愈來愈冷峭。

可是你的來去像春風
吹開了我的窗口的視野，
一場遠方的縹緲的夢
使我看到花開和花謝，
一幕春的喜悅和刺疼
消融了我內心的冰雪。
如今我慢步巡遊這個城，
再也追尋不到你的蹤跡，
可是凝視著它的煙霧騰騰，
我頓感到這城市的魅力。

1976 年 6 月

自　己

不知哪個世界才是他的家鄉，
他選擇了這種語言，這種宗教，
他在沙上搭起一個臨時的帳篷，
於是受著頭上一顆小星的籠罩，
他開始和事物作著感情的交易：
不知那是否確是我自己。

在迷途上他偶爾碰見一個偶像，
於是變成它的膜拜者的模樣，
把這些稱為友，把那些稱為敵，
喜怒哀樂都擺到了應擺的地方，
他的生活的小店輝煌而富麗：
不知那是否確是我自己。

昌盛了一個時期，他就破了產，
彷彿一個王朝被自己的手推翻，
事物冷淡他，嘲笑他，懲罰他，
但他失掉的不過是一個王冠，
午夜不眠時他確曾感到憂鬱：
不知那是否確是我自己。

另一個世界招貼著尋人啓事，

他的失蹤引起了空室的驚訝：
那裡另有一場夢等他去睡眠，
還有多少謠言都等著製造他，
這都暗示一本未寫出的傳記：
不知我是否失去了我自己。

1976 年 7 月

秋

1

天空呈現著深邃的蔚藍，
彷彿醉漢已恢復了理性；
大街還一樣喧囂，人來人往，
但被秋涼籠罩著一層肅靜。

一整個夏季，樹木多麼紊亂！
現在卻墜入沉思，像在總結
它過去的狂想，激憤，擴張，
於是宣講哲理，飄一地黃葉。

田野的秩序變得井井有條，
土地把債務都已還清，
穀子進倉了，泥土休憩了，
自然舒一口氣，吹來了爽風。

死亡的陰影還沒有降臨，
一切安寧，色彩明媚而豐富；
流過的白雲在與河水談心，
它也要稍許享受生的幸福。

2

你肩負著多年的重載，
歇下來吧，在蘆葦的水邊：
遠方是一片灰白的霧靄
靜靜掩蓋著路程的終點。

處身在太陽建立的大廈，
連你的憂煩也是他的作品，
歇下來吧，傍近他閒談，
如今他已是和煦的老人。

這大地的生命，繽紛的景色，
曾抒寫過他的熱情和狂暴，
而今只剩下凄清的蟲鳴，
綠色的回憶，草黃的微笑。

這是他遠行前柔情的告別，
然後他的語言就紛紛凋謝；
爲何你卻緊抱著滿懷濃蔭，
不讓它隨風飄落，一頁又一頁？

3

經過了融解冰雪的鬥爭，
又經過了初生之苦的春旱，
這條河水度過夏雨的驚濤，
終於流入了秋日的安恬；

攀登著一坡又一坡的我，
有如這田野上成熟的穀禾，
從陽光和泥土吸取著營養，
不知冒多少險受多少挫折；

在雷電的天空下，在火焰中，
這滋長的樹葉，飛鳥，小蟲，
和我一樣取得了生的勝利，
從而組成秋天和諧的歌聲。

呵，水波的喋喋，樹影的舞弄，
和穀禾的香才在我心裡擴散，
卻見嚴冬已遞來它的戰書，
在這恬靜的、秋日的港灣。

　　　　　　　　1976 年 9 月

停電之後

太陽最好，但是它下沉了，
撐開電燈，工作照常進行。
我們還以爲從此驅走夜，
暗暗感謝我們的文明。
可是突然，黑暗擊敗一切，
美好的世界從此消失滅蹤。
但我點起小小的蠟燭，
把我的室內又照得通明：
繼續工作也毫不氣餒，
只是對太陽加倍地憧憬。
次日睜開眼，白日更輝煌，
小小的蠟臺還擺在桌上。
我細看它，不但耗盡了油，
而且殘流的淚掛在兩旁：
這時我才想起，原來一夜間，
有許多陣風都要它抵擋。
於是我感激地把它拿開，
默念這可敬的小小墳場。

1976 年 10 月

神 的 變 形

神

浩浩蕩蕩，我掌握歷史的方向，
有始無終，我推動著巨輪前行；
我驅走了魔，世間全由我主宰，
人們天天到我的教堂來致敬。
我的真言已經化人日常生活，
我記得它曾引起多大的熱情。
我不知度過多少勝利的時光，
可是如今，我的體系像有了病。

權　力

我是病因。你對我的無限要求
就使你的全身生出無限的腐鏽。
你貪得無厭，以為這樣最安全，
卻被我腐蝕得一天天更保守。
你原來是從無到有，力大無窮，
一天天的禮贊已經把你催眠，
豈不知那都是我給你的報酬？
而對你的任性，人心日漸變冷，
在那心窩裡有了另一個要求。

魔

那是要求我。我在人心裡滋長，
重新樹立了和你嶄新的對抗，
而且把正義，誠實，公正和熱血
都從你那裡拿出來做我的營養。
你擊敗的是什麼？熄滅的火炬！
可是新燃的火炬握在我手上。
雖然我還受著你權威的壓制，
但我已在你全身開闢了戰場。
決鬥吧，就要來了決鬥的時刻，
萬眾將推我繼承歷史的方向。
呵，魔鬼，魔鬼，多醜陋的名稱！
可是看吧，等我由地下升到天堂！

人

神在發出號召，讓我們擊敗魔，
魔發出號召，讓我們擊敗神祇；
我們既厭惡了神，也不信任魔，
我們該首先擊敗無限的權力！
這神魔之爭在我們頭上進行，
我們已經旁觀了多少個世紀！
不，不是旁觀，而是被迫捲進來，
懷著熱望，像為了自身的利益。
打倒一陣，歡呼一陣，失望無窮，
總是絕對的權力得到了勝利！

神和魔都要絕對地統治世界，
而且都會把自己裝扮得美麗。
心呵，心呵，你是這樣容易受騙，
但現在，我們已看到一個真理。

魔

人呵，別顧你的真理，別猶疑！
只要看你們現在受誰的束縛！
我是在你們心裡生長和培育，
我的形象可以任由你們雕塑。
只要推翻了神的統治，請看吧：
我們之間的關係將異常諧和。
我是代表未來和你們的理想，
難道你們甘心忍受神的壓迫？

人

對，哪裡有壓迫，哪裡就有反抗；
誰推翻了神誰就進入天堂。

權　力

而我，不見的幽靈，躲在他身後，
不管是神，是魔，是人，登上寶座，
我有種種幻術越過他的誓言，
以我的腐蝕劑伸入各個角落；
不管原來是多麼美麗的形象，

最後……人已多次體會了那苦果。

1976年

（以上十一首選自《穆旦詩全集》

中國文學出版社 1996年9月版）

回 答

北 島

卑鄙是卑鄙者的通行證，
高尚是高尚者的墓誌銘。
看吧，在鍍金的天空中，
飄滿了死者彎曲的倒影。

冰川紀過去了，
為什麼到處都是冰淩？
好望角發現了。
為什麼死海裡千帆相競？

我來到這個世界上。
只帶著紙、繩索和身影。
為了在審判之前，
宣讀那些被判決的聲音：

告訴你吧，世界，
我 ── 不 ── 相 ── 信！
縱使你腳下有一千名挑戰者，
那就把我算作第一千零一名。

我不相信天是藍的：
我不相信雷的回聲；
我不相信夢是假的；
我不相信死無報應。

如果海洋註定要決堤，
就讓所有的苦水都注入我心中：
如果陸地註定要上升，
就讓人類重新選擇生存的峰頂。

新的轉機和閃閃的星斗，
正在綴滿沒有遮攔的天空。
那是五千年的象形文字，
那是未來人們凝視的眼睛。

1976 年 4 月

在黎明的銅鏡中

在黎明的銅鏡中
呈現的是黎明
獵鷹聚攏惟一的焦點
颱風中心是寧靜的
歌手如雲的岸
只有凍成白玉的醫院
低吟

在黎明的銅鏡中
呈現的是黎明
水手從絕望的耐心裡
體驗到石頭的幸福
天空的幸福

珍藏著一顆小小沙礫的
蚌殼的幸福
在黎明的銅鏡中
呈現的是黎明
屋頂上的帆沒有升起
木紋展開了大海的形態
我們隔著桌子相望
而最終要失去
我們之間這惟一的黎明

太陽城箚記

生命

太陽也上升了

自　由

飄
撕碎的紙屑

愛　情

恬靜，雁群飛過
荒蕪的處女地
老樹倒下了，戛然一聲
空中飄落著鹹澀的雨

孩　子

容納整個海洋的圖畫
疊成了一隻白鶴

姑　娘

顫動的虹
採集飛鳥的花翎

藝　術

億萬個輝煌的太陽
顯現在打碎的鏡子上

青　春

紅波浪
浸透孤獨的槳

人　民

月亮被撕成閃光的麥粒
播在誠實的天空和土地

勞　動

手，圍攏地球

命　運

孩子隨意敲打著欄桿

欄桿隨意敲打著夜晚

和　平

在帝王死去的地方
那支老槍抽枝、發芽
成了殘廢者的拐杖

信　仰

羊群溢出綠色的窪地
牧童吹起單調的短笛

祖　國

她被鑄在青銅的盾牌上
靠著博物館發黑的板牆

生　活

網

（以上三首選自《北京青年現代詩十六家》，
灕江出版社 1986 年 10 月版）

天安門詩抄（七題）

佚　名

揚眉劍出鞘《六首》

一

欲悲聞鬼叫，
我哭豺狼笑。
灑淚祭雄傑，
揚眉劍出鞘。

二

三人十隻眼，
陰謀想奪權。
總理英靈在，
怒斥反國奸。

三

八億眼明亮，

翻案行不通。
魔怪休倡狂，
除妖有英雄。

四

哀思念總理，
誓言動天地。
鬼蜮欲出籠，
九天有霹靂。

五

噴毒枉費心，
興妖空拙勞。
看我八億民，
皆握斬魔刀。

六

人民不怕壓，
心有向陽花。
殺頭不可怕，
白右繼承他·

您站起來吧

您骨灰未冷，

您忠魂未眠。
您靜靜地躺在
大地母親的胸前。

您英靈如火，
您身軀猶在，
您站起來吧！
重新把巨人的英姿顯現。

聽一聽，
蟲蠅的喧囂噪亂了人間，
瘋狗的狂吠淹沒了吶喊。
哪裡有正義的呼聲，
那裡就響著污穢的鎖鏈。

看一看
烏雲壓住凝固的空氣，
兇惡的寒流抽打蔓延。
誰不馴服而挺起胸膛，
誰就失去自由的寶劍。

梁下的小丑跳到房檐，
臺上的演員搖身幾變。
剛在您靈床邊擠出鱷魚的眼淚，
馬上又殺氣騰騰地向您宣戰！

您站起來吧！
他們在向真理挑戰，

他們在把老一代的生命踏踐。
這生命染紅了萬里江山，
這生命織成了金色的搖籃。

您站起來吧！
他們是個人野心家，
他們只能爲資產階級代言。
江山不能紅而復黑，
搖籃何忍碎成萬段？

遍佈黑煙的中原，
是什麼捲走您墓前的花圈？
億萬悲痛的人民，
是什麼遏止住他們的嗚咽？

才爲您哀悼的電波，
爲什麼轉爲大批"翻案"？
才敘您功德的墨筆，
爲什麼即刻毒汁飽蘸？

您站起來吧！
這是千百萬人的呼喚。
呼喚您仰起不屈的頭顱，
呼喚您睜開明察秋毫的慧眼。

階級的陣營該迅速清理，
革命的航船要鼓翼張帆。
永遠不熄滅的烈火啊，

燃燒在我們胸間。
有馬列主義撐腰，
歷史一定會把真情呈獻。

告別

—— 寫在舉國哀悼周總理的日子裡

我多想，多想生出凌雲的翅膀 ——
飛上九霄，把您的忠魂探望；
再聽聽您那深情的教導，
再看看您那慈祥的目光。

我多願，多願是那月裡的吳剛 ——
把最醇的美酒，爲您捧上……
但我只有悲痛的歌聲，
能向那九霄輕飆；
我只有這哀悼的詩詞，
能在您的靈前獻上。

北京，
一月的凌晨，
寒冷，寧靜，
人們剛剛醒來，
剛剛開始新的工作和鬥爭，
忽然，凜冽的寒風，
從空中吹來了不祥的哀樂 ——
呵，那低沉的不能相信的宣告聲……

天空呵，

還同昨天一樣高朗，

大地上卻倒下了一座擎天的棟樑！

晨曦呵，

還同昨天一樣明亮，

人世間卻熄滅了一盞燦爛的燈光……

億萬雙清澈的眼睛霎時間黯然，

億萬顆純樸的心靈猛烈地震盪！

浪潮，悲痛的浪潮，

湧向了紀念碑前的廣場，

悲痛，巨大的悲痛，

從這裡放射，

呼嘯著，充滿著，

每一個

有著勞動的地方……

在工廠、田間、課堂，

淚水呵，

清泉般地噴湧；

在山野、草原、海疆，

哭聲呵，

浪濤般地震響。

人民的回憶和希望，

不要拂拭什麼

"歲月的灰塵"，

您崇高的品格

純潔、輝煌，

透過硝煙和迷霧，

閃著奪目的光芒。
不要翻開什麼
“歷史的篇章”，
您卓越的功績，
每件、每椿，
都發生在我們身旁，
銘記在我們心上！

敬愛的總理呵，
我們清楚地記得：
您從青年時代就勇敢地
迎接了新中國的第一道曙光。
廣州、上海、南昌，
武裝鬥爭的號角，
您高聲地吹響；
遵義、延安、北京，
漫長的革命征途上，
是您緊跟主席身旁！

多少年刀叢虎穴，
您巨人般地挺立！
多少次驚濤駭浪，
您磐石般地堅強！
奴隸們翻身了，
您肩上的擔子更重；
祖國解放了，
您戰鬥的意志更高昂！

敬愛的總理啊，
在祖國遼闊的大地上，
每一口油井
都噴著您勤勞的汗水；
每一座高爐
都閃耀著您窗前的燈光；
您手中的畫筆
給千年的荒山披上錦繡；
您胸中的熱浪呵，
催動著萬里稻花飄香。
您驚人的魅力，
在鬥爭的世界上
贏得了多少朋友，
—— 他們知道：
周恩來，代表中國，
中國，就是力量！
您苦心的教導，
在革命的風暴裡
指引了無數的小將，
—— 我們相信：
總理，代表主席，
主席，就是方向……

敬愛的總理呵，
您長征時留下的足跡，
已變作
明燈萬點，果樹千行，
您深夜裡繪下的藍圖呵，

已建成·
巍峨巨峰，屹立東方……
人民在歡笑，
國家在富強，
而您，總理呵，
卻永遠地離開了我們身旁！
您去了 ── 只把無價的財富留在世上，
震動了，中國的大地──
您曾經使她充滿陽光……
有些先生們永遠不能理解，
億萬人怎麼會為一個人哭泣：
“何必為此悲痛呢？
又沒有規定……”
是呵，確實難以理解，
確實“不按規定……”
因為任何機器都無法計算，
我們的眼睛裡能淌多少淚水；
任何條文都無法規定：
人民的哀悼中該有多少哭聲。
因為無產階級的胸膛裡，
跳動著
烈焰般燃燒的心靈！

敬愛的總理呵，
請您飛升的忠魂
停下來看一看吧：
看那些身經百戰的老將，
在帶血的屠刀下

都不曾改變過
從容的笑臉，
如今都哀慟欲絕，
撲倒在您的身旁；
看那些倔強的煉鋼工人，
從懂事起，
就沒有輕灑過一滴熱淚，
如今，像孩子似的痛哭，
淚水浸透了工裝；
看吧，在廣場上，在街道旁，
無數的人群迎著寒風，
默立了多少鐘點 ──
只為遠遠地看一眼
那安放著您遺體的車輛……

為了寄託深切的哀思，
最高峰的松枝和鮮花，
都采來編成虔誠的花環；
為了再看一眼您的遺容，
最堅強的工人的手呵，
都不忍，把葬禮之火點上……
人民的心呵，
裝不下這巨大的痛苦！
痛苦的波濤呵，
一浪高過一浪！
淚水呵，
清泉般地噴湧，
洗滌著人們靈魂的深處；

哭聲呵，
浪濤般地聚成了
不可阻擋的力量 ——

那些纏著黑紗的手，
堅定地舉起；
那些忍著嗚咽的心中，
誓言鏗鏘。
老一輩懂得了：幸福 ——
就是活得像您一樣無私；
新一代領悟了：偉大 ——
就是鬥得像您一樣堅強！
悲痛把那飛旋的機輪推得更快，
淚水把那飄揚的戰旗染得更紅。
經過悲痛，
黨把人民團結得更緊；
透過淚水，
人民把敵人看得更清。

那些公開的敵人，
吞回了他們往日的咒罵，
甚至無可奈何地寫兩句
讚揚、哀悼的官樣文章 ——
他們不敢凌辱
您那莊嚴的名字，
他們不敢觸犯
人民沸騰的哀傷；
但是，

還有那些暗藏的敵人，
那些陰影下的豺狼，
您生時，他們用無恥的謊言把您誹謗，
用晦澀的暗箭對您中傷；
聽到您的名字，
他們咬牙切齒；
挨到您的巨掌，
他們渾身冰涼……
如今，您去世了，
他們掩飾不住地欣喜若狂。
人前，
他們擠出兩滴鱷魚的眼淚，
背後，您的遺骨未冷，
他們就在舞蹈歌唱！
他們以為，
用他們傲慢的冷酷，
能夠壓低您的聲望；
用他們下賤的歡樂，
能夠侮辱人民的悲傷！
但是，這些無恥的敗類呵，
對人民永遠是錯誤的估量。
看呵，
人民深沉的悲痛，
化作奔騰的力量。
對著他們的醜臉，
打了一記響亮的耳光！
他們發抖了，
他們藏匿了，

他們躲進陰溝的深處，
還不甘心失敗，
又編些更惡毒的諾言，
又耍出更陰險的花樣……
敬愛的總理呵，
請您放心吧，
我們早已看透他們醜惡的嘴臉；
人民早已識破他們卑鄙的伎倆。
他們給您潑上的污水，
只會全淌下來，
淋在他們的頭上！
像那長江滾滾的波濤，
您獻身的事業
怎能被這幾隻沉船所阻擋！
像那泰山高聳的峰巒，
您光輝的形象
怎能為幾支毒箭所毀傷！

總理呵，安息吧！
人民沒有那空洞的讚揚，
卻用鑽石般的淚珠，
在史冊上刻下您那不可磨滅的一章。
我們沒有那些堂皇的排場，
卻把您高大的塑像
豎立在心靈中最神聖的地方。
人們說：
您身居高職，
卻沒有從人民手裡

爲自己索取過一分一厘……
可是總理啊 ──
這億萬顆晶瑩的淚水，
不就是珍珠？
哪一個貪婪的大亨
能有這樣無邊的財富？
有人說：
可惜您沒有巨著
留給後世傳揚……
祖國的每一叢鮮花，
不都是最美的字句？
人民的每一個勝利，
不都是壯麗的篇章？！

安息吧，總理！
只要在這世界上
還存在著勞動，
您光輝的事業
就將永久地
爲後代的歌聲所傳揚！
只要在這大地上
還照耀著陽光，
您偉大的名字
就將高高地
在那萬古的長空中翱翔！
……
啊，敬愛的總理，
我只有悲痛的歌聲，

能向那九霄輕颺；
我只有這哀悼的詩句，
能在您的靈前獻上。

挽　歌

廣闊的長安街，
雄偉的廣場。
無邊無際的人的海洋，
一直延伸到幾十裡的路旁。
今天，
壯麗的首都，
蒙上了沉沉灰霧；
肅穆的人群，
籠罩著一片哀傷。
過來了，
簡樸的白色靈車，
慢慢地，慢慢地開過來了。
一霎間，
喧鬧的首都靜息了一切聲響；
奔忙的街邊，
停止了所有的車輛。
只有人群中傳來低沉沉的啜泣；
只有靈車的車輪在路上沙沙作響。
車隊啊，
你慢慢走；
時間啊，
你停一停。

我們的總理最後一次來到人民中間，
我們的總理最後一次穿過天安門廣場。
車隊慢慢地，慢慢地開過來了，
這可是人民爲總理舉行國葬？
不！
這分明是人民最後一次
送別總理勝利地飛向遙遠的地方。

啊，
多麼幸福！
多麼難忘！
敬愛的總理，
向歡度國慶的遊行隊伍招手致意，
敏銳的目光
那麼親切，
那麼慈祥！

忽然間，
鮮花變成了白花，
黑紗代替了紅裝。
難忘的一月八日，
噩耗傳遍了全國，
震驚了八億個胸膛。
任何豐富的語言，
都表達不了億萬人民的悲傷。
藍天作紙，
大海做墨，
寫不盡對偉大總理的讚揚。

車隊啊，
你慢慢走；
時間啊，
你停一停。
讓我們再看一眼敬愛的總理，
讓總理在人民中再呆上幾秒幾分。

傑出的戰士，
偉大的革命家，
您把畢生的精力，
無私地獻給了人民。
您爲壯麗的共產主義事業戰鬥了一生。
在您身上，
凝聚著中華民族幾千年的精華。
您是偉大祖國無比的驕傲，
您代表著八億人民革命的心聲。
這樣的人怎麼會死去？
不！
您在億萬人民心中永生！

啊，
眼淚怎能代替戰鬥？
悲痛必須化爲力量！
看，
那個佩戴首都中學校徽的姑娘，
睜大了淚汪汪的雙眼，
正在向敬愛的總理宣誓。
毛澤東思想哺育的新一代跟上來了！

看，
那個身穿首鋼工作服的工人，
剛強地昂起了低垂的頭，
輕輕地唱著：
"團結起來，到明天，
英特納雄耐爾就一定要實現！"
看，
那個值勤的警衛戰士，
向緩緩行駛的靈車持槍立正。
老一輩革命家建設的人民軍隊，
決心同資產階級血戰到底！
我們的總理沒有離開人民，
您的骨灰撒遍祖國江河湖海，
您的不朽精神傳播千秋萬代。
讓帝國主義、社會帝國主義的老爺們
發抖吧！
決心革命到底的八億人民，
是八億顆原子彈也征服不了的。
讓資產階級發抖吧！
英雄的人民早已森嚴壁壘，
八億顆心築成了鐵的城牆。
安息吧，
敬愛的總理，
革命一定要勝利，
敵人終將被埋葬！
蘇聯的歷史悲劇決不能在中國重演，
兩步設想的宏偉藍圖定像燦爛的山花
在神州大地開放！

夢遊九天吟留別

君不見桃花開罷桃花落，
桃花落時雨滂沱。
君不見崇山峻嶺仰天嘯，
五洲四海齊鳴咽。
花兒鮮，松柏青，
風飄悲歌淚晶瑩。
紀念碑，三百丈，
烈士英靈何處尋？
壯志未酬人先去，
恨無高士招君魂。
呀！天低雲暗雁徘徊，
寒風習習草未生。
悲痛襲來淚滿襟，
掩面欲哭卻無聲。
忽覺天旋地轉昏昏然，
風聲呼呼響耳邊。
大地緩緩朝下陷，
好風送我上九天。
聽得雷聲隱隱電光閃，
雲開日出衝霧散。
風展紅旗美如畫，
朝霞朵朵映彩虹。
鼓樂陣陣仙人來，
光焰萬丈照太空。
雄姿英發來是誰？

朝朝暮暮思念人。
手執馬列開山斧，
高懸主席指路燈。
清風徐徐拂銀絲，
兩鬢斑斑接霜風。
眉含神州千秋雪，
笑看山河萬里紅。
二十八年風雨狂，
躍馬挺槍擒虎狼。
二十六年天地新，
嘔心瀝血繪丹青。
八萬里路雲和月，
友誼花開獻人民。
俯首甘為孺子牛，
怒向惡狼與毒蟲。
一日三餐粗米飯，
布衣尚且帶補丁。
碧海青天耿耿心，
眼角又添幾多紋。
追往昔，歲月流，
千言萬語梗在喉。
待要張口狂風起，
雲遮霧障不得見。
心焦情急倏然醒，
方知此身在人間。
放眼望，野茫茫，
故鄉又披錦繡裝。
萬綠叢中花枝俏，

鶯歌燕舞春意昂。
花天花地未足歎，
咱懷壯志唱英雄。
揮淚繼承總理志，
誓將遺願化宏圖。

向總理請示

黃浦江上有座橋，
江橋腐朽已動搖。
江橋搖，
眼看要垮掉；
請指示，
是拆還是燒？

墓誌銘

—— 獻給敬愛的周恩來總理

序　詩

霹靂長鳴落巨星，寒風聲咽傳噩音。
淚灑江河五嶽泣，浪擊亂雲四海驚。
千年古國歎千古，萬里寰球痛於今。
唁電飄飄似飛雪，天河頓凝百丈冰。
一曲悲歌震寰宇，繞梁三載有餘音。
豐碑翠柏花無數，哀慟神州蓬雀驚。
層層烏雲遮殘月，漫漫寒夜泣聲輕。
窗外嘯嘯狂飆舞，燈前喃喃獨自吟。
英雄本應垂青史，糞土豈能掩黃金？

滿腔熱血權做墨，奮筆疾書墓誌銘。

電波……霹靂……
飛傳五洲四海，
星月……殘陽……
淚灑萬里長空，
一曲……哀樂……，
迴響在億萬人民心中！

呵！敬愛的周總理，
這驚天動地的哀樂，
是我們億萬兒女
沉痛悼念您的
共同心聲！
多少人悲聞訃告
痛哭失聲啊！
多少人忽聽霹靂
當場昏暈！
無數座摯情的火山
衝天而起，
無邊的滔滔淚海
頓凝寒冰！
一位鬢髮斑白的老太太
喃喃自語著泣不成聲：
“我情願……替你去死……
可你不能……離開我們……”
一位青年讀著數不清的唁電
仰天悲泣著：

“呵，我們的總理，
總理呵，我們……”

無數行人雲集在紀念碑下
和國旗一起垂首默哀，
無數兒女湧在醫院門口
渴望再看一眼您的遺容……
呵，在這奇寒的“三九”，
在這黃昏的時分，
我隨著漫長的“人龍”
邁進醫院的大門。
心潮逐浪，
雙腿似有千斤重，
淚花迷眼，
什麼全都看不清。
就這樣，
一步……一寸……
一步……一分……
突然，眼前燃起一團熊熊烈火
映紅了素潔的花圈，
映紅了翠綠的多青，
我趕緊上前一步，
呵！是莊嚴的黨旗
覆蓋著您的軀體，
是鮮紅的黨旗
輝映著您的丹心。

我強忍悲痛擦眼淚，

最後一次端詳著
您的面容……
您的全身……

呵！您斑白的頭髮
凝結著鬥爭的霜雪，
歲月的寒冰。
就像巍巍青松上
刻下的一道道年輪。
它記載著您半個世紀的光輝歷史呵，
它記載著您爲共產主義奮鬥的
偉大一生！

看著您手握鐵錘鐮刀
交叉地放在胸前，
我彷彿看見您高舉著它們
正在砸爛舊世界，
創造新乾坤！
就是這雙手呵 ——
"五四"運動時期揮筆疾書，
向人民宣傳革命。
北伐戰爭時躍馬橫刀，
叱吒逆風亂雲。
黃浦江邊高舉紅旗，
領導三次工人起義。
南昌城頭將戰旗一展，
揭開了中國革命的新章程。
您擦乾身上戰友們的血跡，

在魔窟裡堅持地下鬥爭。
您高舉毛主席點燃的井岡火炬，
迎來遵義會議的旭日東昇！
紅太陽的光輝
照亮了革命勝利的道路，
您一直緊跟著毛主席呵
繼續革命的萬里長征……

呵！敬愛的周總理，
剛毅的神態
永遠凝在您的嘴唇！
多少年來，
您唇槍舌劍斥魔怪，
大義凜然泣鬼神，
揭穿了無數陰謀詭計，
戰勝了無數狡猾的敵人；
在"西安事變"的談判中，
您堅決執行毛主席的方針，
迫使蔣賊停止內戰，
加速了抗日民族統一戰線的形成。
當您聽到"皖南事變"的消息後，
立刻發出了"同室操戈，相煎何急"
的憤怒呼聲，
直闖魔窟斥魔王，
嚇得蔣賊膽戰心驚！
您和美蔣匪幫進行了
無數次針鋒相對的談判，
總是堅定沉著，

充滿著必勝的信心！
馬歇爾驚歎
您無與倫比的談判藝術；
蔣介石害怕：
“這是一個堅定聰明而危險的
敵人！”
面對著特務寄來的子彈，
您只是輕蔑地付之一笑；
面對著敵人的白色恐怖，
更顯出您對黨的赤膽忠心！
您和我們的鄧大姐呵
曾掩護過多少同志虎口逃生。
您在黑暗茫茫的蔣管區
是光芒四射的一盞明燈！
呵！敬愛的周總理，
是黨和人民
給您這無窮的智慧；
是鬥爭的烈火
冶煉出您這赤膽忠心……

呵！天安門上一聲驚天的霹靂 ——
毛主席發出了偉大的聲音：
“中國人民從此站起來了！”
看哪！東方巨人頂天立地，
巍然屹立在世界民族之林！
在第一次日內瓦會議上，
您無情揭露美帝的陰謀，
爲偉大祖國贏得了

全世界的尊敬！
在萬隆會議上，
您高唱反帝反殖的戰歌，
喚起了千百萬亞非人民的覺醒！
您面對赫魯雪夫集團
對我黨發動的突然襲擊
毅然拍案而起，
怒斥他們的叛徒行徑！
您不辭勞苦，
遍訪諸國，
把我們的深情厚意呵
帶給了五大洲人民。
您揮手向五大洲
撒下友誼的種子，
今天已遍地花開，
迎來了我們時代的新春。
您堅決執行毛主席的外交路線，
"談笑凱歌還"呵，
一面鮮豔的五星紅旗，
高高升起在東河之濱。

您鋼鐵般的話語
一字千鈞，
像驚雷飛傳到五洲四海，
全世界都在側耳傾聽
我們偉大祖國
這震天動地的聲音⋯⋯
誰說您已經閉上了雙眼？

不，您永遠睜著這銳利的眼睛。
它放射出馬列主義的燦爛金光，
注視著詭變著的白骨妖精，
它像飛刀劈開劉少奇的偽裝面孔，
它像利劍剜出了林彪的狼子野心，
它是捍衛毛主席革命路線的照妖鏡呵，
曾使多少鬼怪膽戰心驚！
嗚呼哉！白骨精：
莫要忘形，
莫要高興，
昨天你戈壁灘中不得好死，
今天也休想借屍還魂！
不信？請君抬頭看哪，
人民已高舉起
毛澤東思想千鈞棒！
我們敬愛的總理呵
仍睜著這雙炯炯的
眼睛……
呵，您那兩道濃濃的眉毛，
是這樣愛恨分明！
當您橫眉冷對帝修反時，
它是兩把利劍，兩座冰峰！
可它包含的對人民的無限深情呵，
卻又似萬頃東海、萬里春風。

敬愛的周總理呵！
您幾十年如一日，
日夜操勞著祖國

各行各業的問題。
不論大小
您總是事必躬親：
從生活必需的油米柴鹽，
到遨遊宇宙的人造衛星，
從少數民族偏僻的山寨，
到深更半夜接見外賓……
您日理萬機，
任勞任怨，
曾使中華兒女
感動萬分！
您肩負的重擔，
超人的毅力，
曾使多少朋友和敵人
感到吃驚！
呵，我們眼看著歲月的飛雪
染白了您的鬢髮。
我們眼看著鬥爭的暴雨
擊打著這一道道年輪！
可是，我們誰能想到萬惡的病魔
早已纏住您的全身！
您仍然忘我、不倦地戰鬥呵
從夜晚……到黎明……
從黎明……到黃昏……
您那盞不滅的明燈
照亮了億萬人民的心房；
我們億萬兒女的心房裡
也永遠亮著您那盞

不滅的明燈……
當我們聽到您住院的消息時，
多少人不肯相信呵 ──
驚問："什麼病？！"
當我們得知您的病情後，
多少人夜不能寐呵 ──
吊著一顆心！……

總理啊，總理！
您爲人民謀利益
嘔盡了全部心血！
卻從沒有對自己
有過一點關心！
您對毛澤東思想
無限忠誠！
您對偉大領袖毛主席
無比崇敬！
就在您病情那麼嚴重的時候，
您還學習毛主席的政策、方針，
就在生命已經垂危的時候，
您還一再把主席的詩詞聆聽！

您大公無私、堅忍不拔，
無限忠於黨的事業！
您光明磊落、嚴於剖己，
剖出的是一顆
對毛主席的耿耿忠心！

爲了中國革命
您捨生忘死，
爲了世界革命
您奮鬥終生！
無私地爲了共產主義
貢獻出自己偉大的一生……

熱淚又迷住了紅腫的雙眼，
我終於什麼也看不清，
只看見眼前燃起衝天的烈火，
您高舉著鐵錘和鐮刀
在這衝天的烈火中永生！
呵，敬愛的周總理，
您是在問我們：
　"紅色江山誰來守，
革命事業誰繼承？"

我們揮淚向您莊嚴宣誓：
　"請放心吧！
敬愛的周總理，
長江後浪推前浪，
革命自有後來人。
守江山，承先業，
繼往開來的
將是我們！我們！！"
我們一定要接過您手中的
鐵錘鐮刀，
踏著您的光輝足跡，

永遠緊跟毛主席呵
繼續這革命的萬里長征！

敬愛的周總理，
獻給您這巨大的花圈吧，
它是億萬朵摯情之花編成！
立起這不朽的墓碑吧！
它是億萬顆虔誠的心築成！
當然，無需我再寫一個字，
歷史的金筆
早已在上面
刻下了光輝的墓誌銘。
啊，是人民的巨手
刻下這永不磨滅的
墓誌銘！

（以上七題皆原載於《天安門詩抄》
人民文學出版社 1978 年 12 月版）